把话说到孩子心里去

卢志丹◎著

天津出版传媒集团

天津人民出版社

图书在版编目（CIP）数据

把话说到孩子心里去 / 卢志丹著 . —天津：天津人民出
版社，2022.3

ISBN 978-7-201-18072-4

Ⅰ．①把… Ⅱ．①卢… Ⅲ．①家庭教育 Ⅳ．① G78

中国版本图书馆 CIP 数据核字（2021）第 277069 号

把话说到孩子心里去

BA HUA SHUO DAO HAIZI XIN LI QU

出　　版	天津人民出版社	
出 版 人	刘　庆	
地　　址	天津市和平区西康路 35 号康岳大厦	
邮政编码	300051	
邮购电话	（022）23332469	
网　　址	http://www.tjrmcbs.com	
电子信箱	reader@tjrmcbs.com	

责任编辑　郭晓雪
装帧设计　张文艺

印　　刷	天津市新科印刷有限公司	
经　　销	新华书店	
开　　本	710 毫米 ×1000 毫米　1/16	
印　　张	14.5	
字　　数	190 千字	
版次印次	2022 年 5 月第 1 版　2022 年 5 月第 1 次印刷	
定　　价	49.80 元	

每一个父母，每天都要面临的问题是：如何对孩子说话？该对孩子说什么样的话？怎样才能把话说到孩子心里，使孩子乐于接受，从而听话？——这些看似平常的问题，实际上是困扰许多父母的棘手难题，也是导致一系列亲子矛盾冲突的症结所在。

美国原子能委员会前主席赖斯狄思说："沟通是一种教育方式，纷争往往因误会而起，解决之道在于沟通。"父母想要卓有成效地和孩子进行沟通，就需要掌握与孩子说话的艺术，善于把话说到孩子心里去。

除了极少数通过肢体体罚等粗暴方式教育孩子的家长外，绝大多数家长都是通过谈话、交流、沟通，对孩子施以引导和教育的。因此，家长以何种方式对孩子说话、对孩子说什么样的话，直接决定着家教的成败。

父母的话，是植入孩子心中的一粒种子，会深深影响孩子的一生，父母把话说到孩子心里去，对于塑造孩子健康的人格、对于促进孩子学业进步、对于和谐亲子关系，具有无可替代的作用。

无数成功的家教案例表明：孩子听父母的话，乐于接受父母的开导和教诲，走向成才之途的原因，首先是父母掌握了与孩子有效沟通的"话术"，把每一句话说到孩子心里去了。

无数失败的家教案例也表明：孩子不听话、叛逆、不接受父母的教导，甚至和父母对着干，其中一个至关重要的原因是，父母不懂得如何跟孩子说话，没有把话说到孩子的心里去，引起了孩子的反感，进而引发了亲子争吵，甚至埋下家庭悲剧的祸根。

有位教育专家说：世界上最好的家庭教育，在父母与孩子的对话中。

再时髦的家教理念，再管用的家教方法和措施，都必须通过亲子间的交流、对话、沟通去实施和实现。因此，父母如何把话说到孩子的心里去，实乃家教问题中的关键。一切家教问题几乎都可涉及父母如何和孩子说话上去，抓住了"把话说到孩子心里去"这个家庭教育的枢纽，就能产生"牵一发而动全身"之奇效。

"把话说到孩子的心里去"，片言居要，扣准了父母的心弦，道出了父母的苦衷。

本书以现代教育理论和大量正反面事例，阐明了父母"把话说到孩子心里去"的现实意义和重要作用；对父母与孩子说话时的态度、方式、语调、措辞、时机等细节，进行了深入探讨；对父母如何针对孩子的气质特点和心理特征，有的放矢地说话，作出了独到解析；对批评、激励、赞赏、拒绝孩子的说话艺术，展开了重点阐述；对父母面临孩子成长成才过程中的生活、学习、交往、挫折、逆反等各种难题时，如何通过说话谈心的方式对孩子施以正确的、及时的、有力的引导，提供了行之有效的建议。

可以说，本书是一部"教子话术宝典"。

父母的一句话，往往能改变孩子的一生。父母所说所言，是雕琢孩子成才的最锐利的刻刀。为了营造和谐融洽的亲子关系，更为了孩子的快乐成长、早日成才和人生成功，每一位父母都要做有心人，都应当读读这本《把话说到孩子心里去》，熟练掌握教子话术，灵活运用说话技巧，真正把每一句话都说到孩子心里去！

卢志丹

2009 年 11 月 9 日

目录

contents

第8讲 针对孩子的心理说准话

第9讲 选对谈话的时机说透话

第10讲 批评孩子要留有余地

第1讲

说不到心里，孩子怎会听

听，是因为有人说。作为父母，在指责孩子不听话之前，应该反躬自省：你是如何跟孩子说话的？你在说话前考虑孩子的内心感受了吗？在大多数情况下，是父母不会说话在先，孩子不听话在后。如果你不注意说话的艺术，话说不到孩子心里去，就别怪孩子不听话了，也别抱怨孩子叛逆了！

1. 没有不听话的孩子，只有不会说话的父母

很多父母都发现，当孩子慢慢长大后，无论怎么苦口婆心、唇焦舌敝，孩子就是不听话，着实让人烦恼！于是，心烦气躁的父母常常忍不住甩出这样一句话——

"你这孩子怎么这么不听话？"

家长觉得孩子不听话，问题出在孩子身上；其实，大多数情况下，是家长还没有学会如何跟孩子说话。只有父母会说话，把话说到孩子心里去，孩子才会听话。

记住：没有不听话的孩子，只有不会说话的父母。

教育工作者高林去外地探亲，要回北京了，小侄子执意要和爷爷送她到火车站。其实这是一件很好的事，可是侄子的妈妈不答应。侄子和他妈妈要求了半天，还是不被允许。

最后高林要走了，侄子"倔强"地要上公交车送她，他妈妈当着很多人的面上车拉他下去。弄得司机不知如何是好，高林也很尴尬，没办法，只好让司机先开车。

到了城里，孩子的妈妈还是不允许他去火车站，这回孩子竟然先跑了，搞得大家哭笑不得。高林只好劝他妈妈先回去。他妈妈冲着跑远的儿子丢下这么一句话：

"回去看我不打死你！"

就在高林快上火车的时候，小侄子终于哭了。高林问他为什么？他说怕妈妈回家打他。高林听了心里酸酸的……

再看看下面这个例子：

白林放学后进门放下书包，就坐到了电视机前。半个多小时过去了，他还没有要离开的意思。

爸爸忍不住提醒起来："儿子啊，你现在都是初中生了，可不比小学生，不能把时间都搭在这上面，你要抓紧时间学习……"

"好了，好了，你别讲大道理了，我不愿听你说话。"白林一边不满地说着，一边走进了自己的房间。

在家里，白林对学习抓得不够紧，爸爸经常要说上他几句，可他总是这样不爱听爸爸的话。为此，爸爸很纳闷：我都是为了他好，他怎么就不理解呢？

在中国，像这两位的家长不在少数。这些父母到底怎么了？

他们有一点是相同的，就是不会和孩子说话。

有了不会说话的父母，才有了不听话的孩子。令人遗憾的是，很多家长在这个逻辑关系上，总是犯错误。

试问，父母和孩子在一起做什么？除了拿巴掌打孩子以外，就是和孩子说话！

可惜我们的父母太不会说话，所以孩子才不听话！当然，话说得不合适，就容易变成亲子之间一场激烈的唇枪舌剑。吵架要是还不能解决问题，很多父母就干脆用拳脚等粗暴的方式来"交流"，用"武力"镇压的方式来使孩子达到服从。就连眼神这种会意开心的交流，也变成了瞪眼。很多孩子都抱怨："我家人一和我说话就瞪眼！"似乎不瞪眼，说话的效果就达不到似的。

现实中，很多家长往往是瞪眼、责骂、开打"三部曲"，"眼、口、手"三位一体地来完成一次教育交流。这实在是亲子交流的悲哀和家庭教育的不幸！

很多家长更关心自己说了什么，甚少关心孩子听了什么，甚少关注孩子的想法。这样的背景下，怎么能把话说到孩子的心里去，怎么期望孩子能很好地接受家长的要求，按照父母的思路去行动呢？对于这种孩子不听话的情况，家长能够认真反思其中原因的又有几人呢？

人为什么要说话？说话的目的就是为了沟通和交流。沟通好了，交流到位了，原来不理解的就能够理解，许多误会也能够消除。

家庭教育最重要的是家长与孩子之间的对话、沟通、交流。当家长掌握了说话的技巧后，孩子对家长教育的逆反和抵抗就会减少，变得听话，并且向父母期望的方向努力。

父母的语言是雕琢孩子成才的最锐利的刻刀。语言的力量无穷大，足以影响孩子一生。父母说话得体，每句话都能说到孩子心里去，孩子离成才的距离就会更近一步。父母的一句话，往往就能改变孩子的一生。

如果话说不到孩子心里去，父母就是抱着真理又能拿孩子怎么样呢？

如果父母说的话没有道理，孩子不会听！

如果父母说的话不是时候，孩子不肯听！

如果父母说话的态度不当，孩子不爱听……

最要命的是，不管父母的话有没有道理，只要孩子不肯听，不爱听，就是废话，就是错话！父母要想让孩子肯听、爱听自己的话，就必须掌握和孩子说话的艺术，把话说到孩子心里去。

2. 把话说到孩子心里去，是一门艺术

要彻底解决孩子不听话这个难题，家长应该学习如何保证自己说话的效果，把话真正说到孩子的心里去。这就要求家长得用心研究一下说话的方式和谈话的技巧。因为和孩子说话，实在是一门艺术。

先看看下面这两个例子：

例一：孩子从幼儿园回来……

妈妈："你回来了？"

儿子："我回来了。"

妈妈："今天在幼儿园都做了些什么？"

儿子："没做什么。"

妈妈："吃的什么点心？"

儿子："忘记了。"

例二：孩子从幼儿园回来……

妈妈："嗯！宝贝，让妈妈看看！（专注地看了孩子一会儿。）今天你一定玩得很快乐。"

儿子："对呀！我和马晓涛一起玩搭积木，我们搭了一座动物园，然后，把许多玩具关进去当动物，很好玩哦……"

妈妈："哇！听起来真的很好玩，可惜我没有玩到。"

儿子："没关系！下次我教你玩。"

两个例子都是孩子从幼儿园回来，妈妈的动机都是想要了解孩子今天过

得好不好、做了些什么事、玩得快乐不快乐，但是结果却相去甚远。例一中的妈妈措辞很生硬，命令的方式质问孩子，孩子回答她的问题很不情愿。而例二中，聪明的妈妈以"玩"为突破口打开了孩子的话匣子。试想，幼儿园的孩子不正是以玩为主吗？可见，家长说话的艺术和问话的技巧在与孩子的交流中具有举足轻重的作用。

要把话说到孩子心里去，家长就要把自己也变成孩子，走进孩子的世界，和孩子融成一片。很显然，例二中的妈妈平时一定经常和儿子一起玩，她的话很容易引起儿子的共鸣。因此，父母是否拥有一颗赤诚之心，是非常重要的。

要把话说到孩子心里去，家长要和孩子密切相处，多关心孩子，了解其想法和需要。要了解孩子，就要多跟孩子接触，从他们的语言及行为中了解他们的想法、喜好以及内在需要。

要把话说到孩子心里去，家长要学会倾听，重视孩子说的话。如果孩子发现爸爸妈妈十分重视自己说的话，那么他会很愿意听父母说话。如果父母在孩子说话时总显得心不在焉或目不转睛地盯着自己喜爱看的电视节目，或者还在看手中的书，那么孩子依葫芦画瓢也就不足为怪了。

要把话说到孩子心里去，家长就要注意孩子的反应与态度。现代父母由于工作忙碌，在和孩子说话时，经常忽略了孩子的反应，常常会急着表示自己的意见和指示，期望孩子乖乖照自己的话做，最好不要有意见。和孩子说话时，如果不了解他们的想法及立场，让孩子感觉与父母沟通会令他不舒服，他们自然而然会避免接触，凡事不愿意向父母透露，亲子间的代沟必然越来越深。

要把话说到孩子心里去，家长就要针对不同的年龄和个性，使用不同的方法。每个孩子都有自己不同年龄段的心理特点，还有属于孩子自己的气质。例如，对于年龄小的孩子需要示范引导，年龄大一点的则需要激励。引导孩子听话，并不是把一个固定的公式硬加在孩子身上，而是要按照不同年龄、不同个性的需求，在他们的身上找到力量，从而创造孩子能够自觉听话的先决条件。

要把话说到孩子心里去，家长要把握与孩子说话的时机。与孩子说话不是随时随地都可以进行的，当孩子正专心地学习或做着自己喜欢的事情时，或孩子的心情不好时，尽管父母所说的话有道理，他也是听不进去的。因而父母要根据孩子的具体情况选择并把握教育时机，与孩子进行交流。

要把话说到孩子心里去，家长要注意运用适当的语气与声调。例一中那位妈妈生硬命令的语言成为她与孩子交流的障碍。合适的声调是指有重点、温暖、支持并有强弱之分。当然，强烈急迫的声调在管教上有其意义，但是最好是在情况真的需要时，才能让孩子有所警惕，否则一旦孩子习惯了这样的语调，就会逐渐失去敏察与聆听他人语意的能力了。

要把话说到孩子心里去，家长要避免说"我命令你……""我警告你……""你最好赶快……""你真笨""你太让我失望了"等带有指挥、命令、警告、威胁、责备、谩骂、拒绝等负面意义的话。

要把话说到孩子心里去，家长要避免喋喋不休、唠叨不断。调查资料显示，当父母在孩子面前喋喋不休，把自己真正要讲的意思和许许多多"废话"，例如抱怨、絮叨或责备都夹杂在一起，或是把要孩子说的几件事和几个要求都混在一起跟他说个没完时，效果会适得其反。孩子没有不反对唠叨的，因而家长对孩子说的话不要嗦，只要达到了教育目的，就要适可而止。

把话说到孩子心里去，是一门艺术。父母要掌握这门艺术，需要注意的方面是很多的，但其要点不外乎以上诸点。本书后面的章节，就是围绕以上要点充分展开的。相信读完本书后，您一定会成为最会说话的家长，您的每一句话一定会说到孩子的心里去！

3. 孩子最听不进这类话

英国心理学家认为，语言是成年人与孩子沟通的重要途径，父母和老师的语言内容、表达方式等，对孩子的行为甚至将来的心理发展都有很大的影响。他们经过观察研究，总结出了会挫伤孩子积极性的话、激起孩子强烈反感的话，大致有以下六种类型。

唠叨型：某个道理，孩子明明已经知道，家长仍唠唠叨叨地说个没完。这种唠叨是一种重复刺激，会对大脑皮层产生保护性抑制。因此，家长越说，孩子越听不进去，甚至还会冲撞你。

揭丑型：对孩子的过错，有些父母喜欢当着同学、亲友的面没完没了地数落，挫伤孩子希望谅解、宽恕的心情，孩子就会产生逆反心理，很可能走向父母愿望的反面。过分强调孩子的缺点，甚至攻击孩子的人格和自尊，对孩子的刺激和伤害是相当大的，时间长了还会使孩子丧失自尊和自信，产生自卑感，直接影响孩子的未来成才。

提审型：刚刚发现一些现象，便大惊小怪地对孩子进行审问，并根据主观臆断，把可能性说成现实性。这种草率的做法，极易激起孩子的抵触情绪。

迁移型：把别人身上出现的不良倾向和行为，不分青红皂白地迁移到孩子身上，想当然地千叮咛万嘱咐。这明显与青少年富有上进心和好胜心相悖，把孩子的情感推向对立面，造成孩子对家长的说教充耳不闻，甚至反唇相讥。

讽刺型："这个都干不了，你还能干什么？""你能考出好成绩，除非太阳从西边出来！"类似这样的语言，因为刻薄会使孩子长期不忘，对父母教育的抗拒性也长期不能消失。

威胁型："别插嘴，真不懂礼貌！""你要再不听话，小心我打断你的腿！"这些命令威胁的话，都会使孩子产生恐惧和极度反感，久而久之，会在他们心灵上烙下抵触、逆反的深深印痕。

以上六种类型，是不讲究和孩子说话艺术的家长们的"家常话"。你要把话说到孩子心里去，就请先检讨一下自己平时的说话方式属于哪种类型？还是兼而有之？

4. 美国父母如何把话说到孩子心里去

中国自古以来就是"父为子纲",很多家长不顾及孩子的想法与感受,只知道一味命令、训导,孩子只有被动服从的份。这种专制主义思想对当今许多父母仍然有着根深蒂固的影响。这样一来,如何能将话说到孩子心里去呢?怎么能建立融洽和谐的亲子关系呢?在这一点上,中国家长需要向美国家长学习。

据《现代教育报》报道,美国家长是这样跟孩子说话和交流的:

有效地知道孩子的想法

美国家长,他们会时不时地去了解一下孩子们所承受的压力以及孩子没有达到家长的期望时所受到的挫败感。

当十二岁的琼斯比赛后一脸疲惫地回到家里时,妈妈迎上去,紧紧抱住她说:"孩子,我知道你今天很辛苦。"

没有过多的话语,但琼斯会觉得很受用。

当孩子遭遇到挫折时,美国家长常常会对孩子说:"我对你有信心。我知道你能做得很好。"

当孩子在学校表现出色时,美国家长则会表扬他:"我为你感到骄傲。作为你的父亲我感到很荣幸。"

尊重孩子的独立性

美国家长非常尊重孩子,把他们看作独立的个体,作为父母,尽管在内心希望孩子继承自己的事业,或朝自己希望的那样发展,但父母只会潜移默化地引导,最终还是要让孩子自己决定。

哈佛大学的教授在他儿子 6 岁生日的时候，送给他儿子一个非常漂亮又美味的蛋糕，然后问儿子长大了想干什么。他的儿子想了一会儿，认真地说，想成为糕点师。

这位教授父亲没有取笑他，而是真诚地说："那么祝你成功，未来的糕点师。"

和孩子"漫不经心地交流"

对于青春期的孩子，美国家长，特别是父亲，会和孩子做一些看似"漫不经心的交流"，如晚饭时间、运动时间，甚至是看电视的时候，父母会找不同的话题和孩子沟通。

例如，约翰的父亲总会在周末跟儿子一起玩棒球并借此机会和儿子谈天，从而了解儿子最近在跟哪些同学交往。这种沟通交流主要是为了知道孩子的想法和他们在学校的一些情况，而不是为了教育他们。

5. 给孩子一点儿 "不听话度"

中国人的老传统是喜欢老实的孩子。父母总希望孩子规规矩矩，百依百顺，孩子稍一调皮就不能容忍，呵斥道："你这孩子怎么这样不听话！"可专家们告诫父母：太听话的孩子问题可能更大，因为他们很可能失去更重要的东西——创造力。

经验证明，淘气的男孩子往往比老实的女孩子更有创造力。其原因就是淘气的孩子接触面广，大脑受的刺激多，充分激发孩子的智能。因此，给孩子一点"不听话度"，对提高孩子的创造力是有好处的。

"破坏分子""反叛者"……这些被老师和父母看作没教养、不听话、学坏了的问题儿童，却很可能会在某些方面表现出比同龄人高出一筹的能力。

淘气调皮的孩子尽管会给老师和父母带来许多麻烦，但却是完全可以教育的，而且如果教育得法，这样的孩子将来可能会很有出息。最好的方法是能对他们因材施教，而不是一味地限制他们，否则孩子的天才很可能会被扼杀在摇篮中，甚至因不合群受到排斥而变成真正的问题儿童。

据美国旺尼苏达大学教育心理学主任托伦斯研究，创造力高的儿童多数具有三个让人讨厌的特点：

其一，顽皮、淘气、荒唐和放荡不羁；
其二，所作所为时逾常规；
其三，处事不固执，较幽默，但难免带有嬉戏态度。

调皮、好动是儿童的天性，也是创造力萌发的幼芽，只要不太出格，父母就不要对孩子限制太多。

那么，父母如何使孩子既有创造力又听话、二者兼备呢？专家认为：

第一、要求孩子行为上要基本听话，整天打架、骂人、不听话不行，但思维上可以不太听话，可以有自己的想法。

第二、孩子小时，以听话为主，要培养良好的行为习惯；孩子大了，应给一点"不听话度"，甚至行为上也可以有自己的做法。

美国总统尼克松写了一本书《领袖们》，他说，中国的教育制度可以为群众提供很好的教育，但却失去了中国的达尔文和爱因斯坦。因为中国的教育制度过分强调每个人要样样都好，样样搞统一，从小把他们训练得十分驯服，不允许有独立见解，更不允许有爱因斯坦称的"离经叛道"，这样只能培养出守业型人才。父母要真心热爱创造型孩子，就不要对孩子求全责备，不要用传统的观点把孩子训成"小老头"。

美国科学家福克曼说："固执与执着两者之间的区别非常微妙，如果你的想法成功了，每个人都说你非常执着、坚持不懈；如果你没有成功，人们就说你固执、顽固不化。"西方人认为应该允许孩子"固执"，因为那里面可能有执着；应该允许孩子"不听话"，因为那里面可能有创造。

创造型人格中"敢"字很重要：敢想、敢说、敢做，才有创造。给孩子一点"不听话度"，就是允许孩子有不同意见、敢于实践，这是非常重要的。中国家长应该接受"听话是优点、太听话是缺点"的观念，对孩子的教育做到"管而不死、活而不乱"，将保护孩子的创造力和引导孩子听话艺术地兼顾起来。

第2讲

家长越唠叨，孩子越逆反

说得过多，反反复复地强调，没完没了地数落，就是让任何人都头疼的唠叨。一个唠叨的人谁都怕，一个唠叨的父母怎能不让孩子心烦透顶呢？你舌焦唇敝，把话说尽；孩子却耳朵里听起了茧，由心烦到反感，由反感到叛逆，直至两败俱伤，以致亲子间形同冰火。因此，要把话说到孩子心里去，父母首先应该提高说话的质量，尽力减少唠叨的次数。

1.孩子们的烦心事儿

"最近比较烦，比较烦，比较烦……"

身为家长，每天都可能有很多烦心事儿，最烦心的莫过于孩子的叛逆、不听话了。

殊不知，父母们也有让孩子感到特别头痛的地方，那就是父母的唠叨。很多父母总在孩子身边唠叨个不停，这个怎么样，那个又如何……于是，很多孩子开始不耐烦，进而厌烦家长，甚至顶撞父母。

烦心的父母们哪里会知道，孩子的不听话、逆反，正是自己的没完没了的唠叨逼出来的！

听听吧，这些声音很多父母肯定再熟悉不过：

"妈妈，我求您别说了！您说了好多遍啦！"

"知道了知道了！您有完没完啊，我耳朵听得起茧啦！真是烦死了！"

有资料显示，九成以上的孩子认为家长"太唠叨"，以下是一些孩子倾吐的"苦水"：

"我妈妈什么都好，就是太爱唠叨。她的唠叨说不准什么时候就会发作，而且如果她一开始唠叨准没完，有时能够持续半个多小时，说来说去总是那么几句。我一直都生活在老妈的喋喋不休之中，我都怕了她这位唠叨女侠了。我一直认为，凭她那张嘴去参加武林大会一定是天下第一。"

"妈妈对我的学习很重视，没事就叫我好好学习，什么学海无涯苦作舟，要头悬梁，锥刺股，要有时间的紧迫感，不能放松自己，去学校要认真读书不要贪玩，学习一定要尽最大最大的努力，最近成绩退步了，学习不好就上不了重点高中，看看人家某某某学习多好，你一定要考上一个大学为我们争口气……我妈天天这样唠叨，也不管人家爱听不爱听，我本来还有些决心和抱负，心情也不错，结果被她这么一唠叨，连学习的兴趣也没了。"

"每天放学回到家里，妈妈就唠叨开了：快去做作业吧！今天有多少功课要做？语文作业是什么？数学作业是什么？当我拿出作业本时，妈妈又会千叮咛万嘱咐：把字写工整了！把头抬高点！腰挺直了！把窗帘拉开，小心眼睛！作业写到中间时，妈妈还忘不了时时干扰：现在做完几样了？抄错题了没有？题目做对了没有？抓紧时间，不要磨蹭！妈妈，您整天这样在旁边吵吵闹闹，就没有想过我怎么能安静下来做功课呢？"

"妈妈的唠叨是我生活中的一项重要内容，大到做事做人小到生活起居，她总是对我唠叨个没完。早上一起床她就唠叨开了：快点，快点起床！动作要快，不然要迟到了！在餐桌上她的唠叨也从来不停：要细嚼慢咽不能狼吞虎咽，维生素对智力发育有益一定要多吃些菜，掉在桌上的饭粒要捡起来！背起书包去上学，她又开始唠叨了：骑车要小心，要注意红绿灯，小心不要撞了别人！就是外出春游，妈妈也忘不了唠叨：带水了没有？吃的东西够不够？路上注意安全，不要到处乱跑。本来挺高兴的心情都给破坏掉了。"

"我有的时候会上上网，可爸妈整天在我跟前唠叨网瘾的事，我觉得很烦，因为我相信自己并没有多少网瘾，上网也只是和同学们聊聊天放松一下，可他们经常却教训我说：又上QQ了？真想不通你怎么就爱搞不三不四的东西，什么QQ？既耗时又无聊，去网上找点资料不是挺好吗？听英语也可以嘛，快把那QQ给关了。如此不能理解我，有时我真的想永远离开这个家！"

"人人都有妈妈，但我觉得我的妈妈特别烦人，整天唠叨个没完。一丁点事她就可以唠叨上半天，像磨豆腐一样没完没了，她的话虽多但讲不到点子上，天天老一套，让人听起来既单调又乏味，我早就听腻了，听得耳朵都长茧子了。"

……

父母们看到孩子们这些心里话，也许会感到委屈：我们再怎么唠叨，不都是为了孩子好吗？不正是爱他们的表现吗？他们为什么不能理解呢？

　　确实，普天下所有的母亲没有不爱孩子的，但是，父母用唠叨来表示爱，效果会怎样呢？你唠叨太多太久，孩子的耳朵真的起茧了。也许面对你的喋喋不休，你的孩子在心里大喊"烦死了！""烦透了！"只是你没听到罢了！

　　一个让孩子产生"烦死了"的念头的家长，教子话术显然有待提高。父母要把话说到孩子心里去，不能靠一次又一次地重复，不能靠没完没了的唠叨。俗话说："好话不说二遍。"说十次不一定比说一次有效。父母要让孩子听话，首先必须改变唠叨的习惯，掌握用一两句话就能打动孩子的说话艺术。

2. 唠叨没完，会起反作用

很多家长每天都要在餐桌边、睡觉前、上学时、外出前对已日益成熟的孩子不变腔调地千叮咛、万嘱咐，真像背条文一样乏味。

有人把家长的唠叨比成孩子心灵的"隐形杀手"，家庭教育的"软暴力"，可见唠叨对孩子心灵的伤害之大。

如果做家长的总是唠唠叨叨，可能会导致孩子出现心理问题，并危害其身心健康。美国杜克大学心理学家坦娅·沙特朗的研究显示，如果父母对孩子房间的卫生状况总是喋喋不休，唠叨个不停，孩子可能会反其道而行之，甚至想钻进猪窝里。

具体而言，父母的唠叨，存在以下危害：

容易导致孩子的自卑心理。唠叨一般来源于不满。家长的唠叨，有损青少年的独立性与自尊心。家长之所以唠叨就因为对孩子缺乏理解、信任与尊重。唠叨孩子的缺点、错误，实际上就是在强化孩子的缺点、错误，导致孩子产生自卑感，从而对学习和成才失去信心。

容易激起孩子的逆反心理，影响学业。对孩子的缺点、错误或学习问题，若正面讲一遍孩子会产生内疚感；而多次指责、批评，没完没了的唠叨，会使孩子不耐烦，激发他们的反感、讨厌和逆反心理，产生非暴力和暴力倾向，从而严重影响学业。

影响家长在孩子心目中的形象。当孩子反复出现错误或忘记做某件事情时，家长唠叨个没完甚至发火，以致本来孩子想改过，但在不良情绪的支配下不仅不改，反而感觉父母很讨厌，甚至产生憎恨心理。

容易引起亲子关系疏远。家长之所以唠叨是因为不了解或不理解孩子造成的，亲子之间无法有效融洽沟通，导致孩子不愿意回家、厌学、逃学甚至离家出走。其后果是亲子关系日益疏远，破裂，甚至产生悲剧。

3. 好好的为什么说话变成了唠叨

　　父母爱孩子，就应该心平气和地对孩子说话，好好地和孩子说话，营造其乐融融的亲子沟通氛围。遗憾的是，现实中很多父母把本应当好好对孩子说的话，变成了没完没了的、枯燥冗长的唠叨。这些父母也许会说：因为孩子不听话，我才不得不一遍又一遍地唠叨。通过前一节的分析可以看出，这种说法未免有点倒因为果。事实上，是家长的唠叨，导致了孩子的不听话。所以，想通过反复唠叨让孩子听进你的话，是徒劳无功的。

　　家长唠叨的原因不在孩子身上，而是在自身。父母要改掉唠叨的坏习惯，就要勇于反思，从自身找原因。

　　大致而言，父母的思想、性格、观念差异和教养方式等，会导致对孩子的教育方式有所不同。

　　思想上，父母大多将所有的希望都寄托在孩子身上，有的父母甚至将自己当年未实现的理想也寄托到孩子身上，想让孩子去实现自己不能实现的理想。这样简单的理想"位移"，十有八九会给孩子增添一股无形的压力。孩子实现了父母的理想，当然是皆大欢喜；而一旦家长发现孩子没有按照自己预期的步骤去做，便会加强"督促"，不自觉地开始了"强化教育"——唠叨。

　　据心理学研究分析，性格软弱和紧张型的家长一般容易唠叨。唠叨是不相信自己的表现——由于不放心，才会一次次地重复，就像有人出门的时候，不相信自己已经关好了门，还要重复去看一次一样。软弱和紧张型的家长不相信别人已听见自己的话了，当然也不相信孩子会照着自己的话去做，所以要重复，要唠叨。

　　观念上，随着孩子渐渐长大，接触的事物越来越多，对事物逐渐产生自己的看法和独立思考的能力。而父母这一代，跟子女成长的时代不同，接触的事物也有很大的差异，有些父母往往不能正视这一点，以老观点看问题，把自己奉行的观点反复强加到孩子身上，而不从子女的角度去思考，更不了解子女在想什么。

教养方式上，一些父母包括祖父母骄纵、溺爱孩子，养成了孩子骄横、任性、贪图享乐的习惯和唯我独尊的心理，这样的孩子不听话是很自然的了。有的家长明显感到言语教育不起效果了，又没找到其他的好办法，于是错误地认为，遇到孩子不听话，一次不听，就说两次，两次不听，就说三次，三次不听就说五次，直至十次八次，只要自己多说几次，他们总会听进去吧。

不同的家长，唠叨的原因可能各有不同，但总体上可以分为以下几类：

关心呵护式唠叨。这是一种无意识的爱孩子的本能。父母认为这是为孩子好，为孩子着想。孩子还小，自控力差，做事常常顾此失彼，丢三落四，所以需要大人不断提醒。以至于对孩子照顾得无微不至，叮嘱又叮嘱：出门衣服要多穿；晚上睡觉要盖好被子；吃饭时不要看电视；放学了不要在学校逗留，早些回来……这类家长把孩子当成永远长不大的小不点，对孩子事事不放心，不敢放手让他受点苦，去经历风雨，不放心他独立做事。唠叨的结果是：孩子产生了依赖心理——反正有人提醒我。因而变得懒惰，散漫，没有责任感。培养独立生活能力成了一句空话。

催促命令式唠叨。有的孩子性格活泼，顽皮贪玩，在父母眼里看来是不听话、不自觉、不好管教的孩子。父母认为他需要有人催促，像皮球一样，踢一下才动一下。于是，"该做作业啦！""到睡觉时间了，该上床啦！""不要在外面玩得太久，七点前要回家！"命令声在孩子耳边定时响起。当然，对于还没有养成良好作息习惯的孩子来说，适当的催促是应该的；但是，当催促过多过量，孩子就算听从你的话了，也会在内心对你产生抵触或怨恨情绪，疏远了亲子关系。

习惯批评式唠叨。 特别是有些母亲习惯了对家庭成员比如丈夫的唠叨，自然也会以同样的方式对待孩子。这也和家长的性格有关，有些家长属于那种喜欢说个不停的人，似乎一天不唠叨就不舒服。这类家长会把唠叨紧紧挂在嘴边，怕孩子不上进，怕孩子还会再犯错。但后果是，孩子在心理上与你疏远了，因为没有孩子喜欢听你不断地批评和指责。

发泄不满式唠叨。 工作上的压力、生活中的不愉快、人际关系的紧张、家庭的不和睦、对孩子的期望值太高等等，都会影响到父母的情绪，而父母的情绪又直接影响到孩子。经常看到这样的家长，孩子考试没考好，就对孩子大发脾气："你看你，怎么就这么笨！人家某某都比你考得好！怎么就这么不争气！气死我了！""你怎么就这么没出息呢，长大了去扫厕所算了！"这类家长实际上是在发泄自己的情绪，孩子成了他们的出气筒。他们根本不去体谅孩子的心情，不去考虑孩子的心理承受力，最后受伤的只能是孩子。

你唠叨的原因是什么呢？你属于哪一类的"唠叨型家长"呢？反躬自省一下，是大有益处的，因为这有利于你自觉地改掉唠叨的毛病，成为会说话的父母，成为受孩子欢迎和尊敬的父母。

4. 尝试把唠叨变成提问

　　唠叨恐怕是中国父母的共同点，惹得子女一致厌烦，但颇为有趣的是，当这些子女渐渐年长、为人父母之后，照样将唠叨进行到底。

　　许多家长以为教育孩子就是反复说教，这一误解的出现不是偶然的，因为中国传统的教育观念就十分迷信说教。几千年来，人们都以为反复灌输和耳提面命就是教育：教师在课堂上满足于口干舌燥；父母在家庭中得意于唠唠叨叨，唇敝舌焦，一厢情愿、没完没了地向孩子灌输大道理。

　　望子成龙、望女成凤的家长们，不但要重视教育，还要研究符合孩子成长规律的科学方法，讲究和孩子说话的艺术。

　　家长在特别想唠叨的时候，最好先忍一忍，不妨改变一下方式，试一试"把唠叨变成提问"。

　　比如，当孩子刚要开始写作业，却同时打开了音响，家长一般就会唠叨什么"一心不可二用"啦，什么"一心以为有鸿鹄将至，长大肯定没有出息"啦！其实这些大道理丝毫不起作用。如果能换成提问："你为什么做作业要听音响，这里有什么科学道理呢？"这时，家长可能会听到一些过去闻所未闻的知识，什么音乐会激活大脑、左右脑需要协调等。当然，如果家长是个乐于学习的人，就会在最新的资料中看到：通过科学对比实验证实，音乐虽然能激活大脑，但是总的效果还是不如专心致志地学习。家长拿出这个新信息，再和孩子交换意见，这和唠叨相比恐怕要高明千百倍！

　　有时候，孩子的某个做法明显不对，家长尽量不要直接指责，更不要揪着小辫子不放，说个不停。与其直接向孩子说教"这样做的坏处是什么什么"，还不如向孩子提问，"说说这样做有什么科学根据？"，或"如果换种做法效果会如何呢？"在父母的提问和启发下，孩子自觉地发现和改正自己的错误之处，那就再好不过了。

具体而言，父母把唠叨变成提问，至少有三点好处：

其一，有利于融洽亲子关系。 父母一般都是高居于孩子之上的，很少和孩子平等地对话。如果父母能向孩子虚心提问，孩子肯定会受到震动，当然乐于给父母解答，不会感到厌烦。

其二，有利于激发孩子开动脑筋。 提高孩子思考能力的方法之一，就是不断地向其发问。孩子们有时做事情并没有动脑筋，随意性强；当他们听到问题时，就必然要动脑筋思考，久而久之就养成了爱思考的良好习惯。

其三，有利于了解孩子目前的真实认知水平。 提问之后，可能会出现两种情况。一种是通过孩子的回答，了解孩子目前的真实认知。如果孩子的认识是错误的，这时父母再进行教导，哪怕是现在开始唠叨，也比一开始就唠叨强。因为这时父母了解了情况，属于"有的放矢"，而不是"心有成见"。还有一种可能发生的情况是：孩子的回答不仅正确，而且非常精彩，大大超过父母原来的认知。这时父母反而会暗中庆幸"幸亏我们没有先唠叨，不然真在孩子面前现眼了"。

当然，家长向孩子提问时态度一定要和蔼，更要虚心；不能摆着架子，把提问整成"提审"，变相为"审判式"唠叨。

5. 提高说话质量，减少唠叨数量

　　家长对孩子进行全方位的培养和教育，关键是掌握好说话的方式与分寸。如果对孩子喋喋不休地指责，使用的方式大多为机械地重复，时间长了，孩子除感到厌烦以外，更重要的是根本听不进去。一项调查表明，"我最喜爱的父母是讲话精炼、有重点、不唠叨"，这就是孩子们的心声。

　　亲子教育专家张勤女士介绍说：有一天下午，她突然被儿子的小学老师叫到学校。在老师的办公室里，老师当着儿子的面向她抱怨：你这个孩子是多么多么淘气……老师甚至使用了很多难听的字眼，而她一听，却觉得没什么大不了的事。小男孩子嘛，淘一点很正常。事隔多年，她仍然觉得心痛："当时我儿子站在一旁，老师就那样数落他，孩子吓得缩在墙角一个劲儿地哭！一路走，孩子一路哭，任我怎么安慰也停不下来。"突然间，她想到：老师是专业的教育工作者，可是，连他们都不能百分百做到跟孩子顺利沟通，那么家长和孩子间的沟通，是否会出现更多问题？从此她开始潜心研究如何当一个好家长。家长是一个全新的角色。在我们有孩子之前，谁也没当过家长，也没有人教我们怎么当家长；而当我们刚学会怎样给小学一年级的孩子当家长时，孩子又升到了二年级，我们的经验又不够用了，这个过程是周而复始的。她说："教育不是把水桶灌满，而是把火点燃。"

　　点燃熊熊烈焰，有时只需要星星之火；打动孩子的心，有时只需要只言片语。家长对孩子说的话要发挥效力，要诀在于少而精。简洁是智慧的镜子，而唠叨则是教子乏术的表现。因此，父母通过语言对孩子施以及时、有效的引导时，要提高说话质量，减少唠叨数量，使得每一句话都掷地有声，都能说到孩子的心里去，都能在孩子心中引起反响。

　　要想做到以最少的语言，达到最佳的家教效果，父母应该做到：尊重孩子，正确把握孩子的心理状态，针对孩子的个性特征，选对说话的时机，施以正确引导，讲究批评的艺术，以身作则、教子先正己等等。在本书后面的章节里，将对这些问题展开详尽的探讨。

第 3 讲

与孩子平等地交谈

中国自古都是"父为子纲"，老子高高在上，儿子低低在下，这种意识至今还存在于许多家长的头脑中，导致许多父母经常以不平等的姿态凌驾于孩子之上，以强迫命令、大声呵斥、自以为是的方式和孩子说话。这正是追求平等和权利的孩子们不听话、顶撞父母甚至和父母对着干的根源。所以，平等交谈是父母把话说到孩子心里去的先决条件。

1. 给孩子平等对话的机会

　　许多父母认为孩子小，不懂事，就把自己的意志强加给孩子。不管自己说什么，孩子都得听，如果孩子反抗，就说孩子不听话。在中国家庭里，家长与孩子之间等级似乎很森严，老子高高在上，孩子低低在下，没有共同语言，缺乏有效沟通，家长与孩子之间可以说是"血脉相连，思想不通"。这是许多家长"高孩子一等"的顽固思想在作怪。

　　有的家长想了解孩子或者想知道孩子最近学习如何，往往以一种命令的口气说："儿子过来，给爸爸说说你最近表现怎么样呀？"有的说："儿子，过来给妈妈汇报汇报！"完全是一种高高在上的口气和做派。孩子这时候虽然来了，可内心在想："爸爸妈妈又要挑我的刺了。""在学校老师批评我的事情可不能让他们知道。"于是乎，家长想听到的没听到，孩子想说的没说出口，交流进入一个恶性循环的怪圈！

　　很多家长在潜意识中拒绝接受与孩子平等，放不下家长的架子。"我是你的妈妈，我不管你谁管你？""我过的桥比你走的路还多！"等，这些传统观念还残留在家长的头脑中。有的家长认为，十来岁的孩子啥都不懂，小毛孩一个，我是大人，是父母，怎么可能平等呢？我说他就得听，我要求他就得做。

　　孩子在大人面前总没有平等对话的机会，被动地接受父母的管束，有话不能说，有意见不敢提，久而久之，自己的想法不敢也不愿与父母交流。

　　为什么家长与孩子就不能像朋友一样平等相处、互尊互爱呢？为什么大人不能与孩子"一般见识"呢？这是因为有些家长为孩子尽义务的思想太少，而权力思想太多。鲁迅说："对于子女，义务思想须加多，而权力思想却大可切实核减，以准备改作幼者本位的道德。长者须是指导者、协商者，却不该是命令者。"

美国家庭教育专家史蒂文说："成功的家庭教育，是家长舍得拿出时间与孩子在一起，以一种平等的态度与孩子交流，对孩子正确的想法和行为给予充分的肯定。"

一位母亲开车带着两个儿子出去。路上，妈妈一直在与大儿子说话，无意中发现小儿子在气呼呼地用脚踏前面的座位。妈妈急忙停止了与大儿子的对话，转过头来问小儿子怎么了。

"你只顾和哥哥说话，为什么就不理我呢？"

妈妈连忙道歉："哦，孩子，对不起，因为哥哥要去参加比赛，所以妈妈就多叮嘱了他两句。好了，现在与哥哥的谈话告一段落，告诉妈妈你想说些什么？"

"妈妈，我想听儿童歌曲。"

"好的，妈妈放给你听。"

"妈妈，您真好。"

"好听吗？"

"嗯，这个小孩唱得真好，我长大了也要学唱歌。"

"好的，儿子，只要你努力，一定也会唱得很棒！"

"妈妈，我们过会儿吃什么？"

"儿子，你想吃什么呢？"

"嗯，让我想想。我想要一个汉堡，一杯果汁，再要一个鸡腿。"

"好的。看，前面不远处就有一个汉堡店，我们过会儿去那里买。"

"好的。谢谢妈妈。"

在很多西方国家的父母看来，孩子是一个独立的个体，有自己的权利，有自己的尊严，作为父母，不管是说话还是做事，都要听听孩子的意见，站在与孩子平等的位置上与孩子对话。

那么，父母应该如何与孩子进行平等的交流与对话呢？关键在于父母要放低姿态，放下家长的架子，以平等的心态对待孩子，把孩子作为一个独立的个体来看待，在相互尊重的前提下，进行平等的对话。给孩子平等的对话机会，你说的话孩子才能听到心里去。

2. 蹲下来与孩子说话

一位访澳归来的老教师，谈到赴澳见闻时说：

澳大利亚的家长蹲着和孩子说话给我留下了很深刻的印象。第一次见到这种情景，是在朋友家。一个周末，我请一对青年夫妇和孩子来吃晚饭，当这个两岁多的孩子吃饱了要下地去玩时，这位家长蹲下来对小孩子说话。当时，我感到很惊讶，以为是这位妈妈特有的教育方式而未再多问。又一个周末，当学校的一位秘书述蒂请我去共度两天周末时，我又一次见到这动人的情景。

述蒂有一对可爱的儿女，当大家一同去超级市场时，4岁的儿子因为姐姐先坐进汽车而不高兴了。述蒂在车门口蹲下，两只手握住儿子双手，脸对脸地目光正视着孩子，诚恳地说："罗艾姆，谁先坐进汽车并不重要，对吗？"罗艾姆看着妈妈会意地点点头，钻进了汽车并挨着姐姐坐下了。

第二天上午，大家和孩子们去公园玩，罗艾姆和姐姐跑跑跳跳，到湖边去看戏水的鸭群时，不小心绊了一跤，眼泪在他的大眼睛里滚动着，马上要流出来了。这时，述蒂又很自然地蹲下来，亲切地对儿子说："你已经不是小宝宝了，是不是？你是个大男孩，绊一下没关系的，对吗？"这时，我也学着在一旁蹲下来，面对着罗艾姆说："是的，你是个大男孩了，对吗？"孩子一下子就收住眼泪，自豪地玩去了。

这时，我禁不住同述蒂谈起了对孩子的教育方式。她说："在我小的时候，我的父母就是这样同我们说话的。我们认为，孩子也是人，也是独立的人，只因为他们比我们矮一些，我们就应该蹲下来同他们说话……"

人与人之间经常需要进行感情上、思想上的平等交流，每一个成长中的孩子，即使是刚刚学步的孩子，也都有这种渴求。要做到平等地和孩子交谈，家长首先就要抛弃那种居高临下与孩子谈话的姿态，弯下腰，蹲下身子来。

一个3岁的小女孩很愿意与隔壁的叔叔交朋友，心里话都愿意跟他讲，而不愿与自己的父亲讲，原因在于，这位叔叔跟她讲话时是蹲着的，与她一样高，她觉得自己受到了对方的尊重，他们的关系是平等的。而爸爸跟她讲话时，是居高临下的，无论站着、坐着都比她高。

如果家长总是站着面对孩子，与孩子的距离，就不仅是身高上的几十厘米，而是一代人与一代人之间的距离，是一颗心与一颗心之间不能沟通的距离。家长与孩子谈话时总是居高临下，孩子就会有一种压迫感，心里话就不愿意跟家长说。家长如果能"屈尊"蹲下来，与孩子处在同一视平线上，不仅一下拉近了与孩子的距离，而且使孩子体验到被重视的感觉，心里话又怎能不愿意向家长倾诉呢？

蹲下身子与孩子说话，能促使孩子意识到自己同成年人是平等的、是受到尊重的，有利于从小培养孩子独立自尊的人格；更能帮助孩子认真对待家长提出的自己的问题或缺点，也为孩子创造乐于接受教育的良好心境。而不会致使孩子对父母所说的话充耳不闻或产生逆反心理。

3. 开口前，换位思考

　　许多父母在教育孩子过程中，都有一种自我中心倾向——在教育孩子时，父母完全从自己的角度、以自己的经验去认识和解决问题，不能意识到别人特别是孩子对同一问题的态度和看法，似乎自己的认识和方法是最正确的。这类父母在开口训导孩子前，已经先入为主，成竹在胸了，孩子情愿接受最好，不情愿也得接受。

　　对少数父母来说，自我中心倾向是其个性特征的一种反映。也就是说，这部分父母从年幼时起，对待各种事物形成了一种自我中心的定势，认识、解决问题不太考虑他人的态度和方法。在对待孩子时，这种定势不但反映出来，而且更为强化。也有少部分父母，头脑中的"封建家长制"比较严重，在他们看来，父母在孩子面前就是绝对权威。

　　自我中心倾向严重的父母，一方面认为"孩子是我的，怎样教育、培养当然我说了算"，于是对孩子学习、生活中的各项具体事情，都是"我"的主意、"我"的办法最好，别人（包括孩子自己）不能发表不同意见。另一方面认为，"孩子太小，我是大人，孩子必须听大人的"，大人比小孩高明，比小孩成熟，"我说你听，我训你服"是天经地义的。这类父母忘记了一个重要规律：外因是变化的条件，内因是变化的依据。内因在孩子身上，孩子的积极性不调动起来，光父母"一头热"，即使磨破嘴唇，也未必能收到好的教育效果。

　　自我中心倾向严重的父母，在跟孩子开口说话和沟通前，应该进行一番换位思考。

　　换位思考是指认同他人的情感、思想或态度的能力，或替代性地体验他人的情感、思想或态度的能力。因此，与孩子换位思考，就是站在孩子的角度去思考。这需要父母理解和体会孩子的想法，但是要做到这一点并不容易。很多家长对孩子早已形成自己的看法和结论，因此很少留意孩子是怎么想的。

一位教授给在美国宾州大学医学院攻读医学和理学双博士学位的女儿的一封信中这样写道：

"总结我几十年的人生哲理，'假如我是他'是一种很好的自我学习和锻炼的方式。你可以用这种方式试试当教授、当校长，还可以试试当议员、当总统。这是你的自由和权利，也是自我培养、自我提高的有效手段。"

这位教授的女儿在美国求学多年，处事方式西方化，但思维方式从小受父母的影响，颇具东方色彩，她对记者说："吃什么，穿什么，今天冷不冷，要不要添衣服，我从小就懂，爸妈不用操心，也不用唠叨。但遇大事情，例如读什么学校，选什么专业，我会主动找爸妈商量，听他们的意见。"

她在美国攻读博士学位期间，突发"奇想"：休学两年，回国内乐坛发展。面对这种情况，国内大多数父母或许会强行干涉，竭力阻止，可教授依然以"假如我是他"的哲理来处理，他认为女儿会半夜起来作曲，说明她有艺术灵感、有艺术创作冲动，作为父母绝不该强行干涉，扑灭她的创作"火花"。中国封建的"家长意志"往往会抹杀儿女的创造精神，会不自觉地将儿女引入歧途，断送前程。平时，这位教授从不强行要求女儿去做什么，想什么，只是根据自己成长的经验，给她一些指导。因此，他很尊重女儿的选择。事实证明，艺术与科学是相互沟通、相得益彰的。这两年，女儿在国内成功地举办了多场个人演唱会，录制了歌曲专辑，拍过音乐电视，还先后两次荣获过中央电视台MTV大赛特别荣誉奖……

可以说，正是"假如我是他"的换位思考，使这位教授将女儿推上了人生成功的康庄大道。

以下几个问题有助于家长进行换位思考：

我的说话方式和行为方式能让孩子接受吗？他们会听我的话，接受我的指导吗？

我希望别人用我对孩子说话的方式对我说话吗？

孩子对我为他们所作的选择会有什么想法？

比如，有一天你突然发现儿子把收音机拆成一堆零件，而面对这堆零件他又束手无措。你可能不但不会帮助儿子，反而嘲弄他。其实，假如父母能作一番换位思考："如果我在某件事上遇到困难，我乐意听到别人的责骂和贬损吗？那对我有帮助吗？"你就不会对儿子嘲弄和贬损了。

所有的家长都希望自己的孩子听话。尽管绝大多数家长在教育孩子的过程中，将他的目的表达得很明确，但由于没有考虑孩子的想法，他们的目的总是很难达到。实际上，无论是孩子、配偶、同事，还是邻居，如果我们不能将心比心，就不可能达到预期的结果。

在心理学界，换位思考已成为衡量情商高低的一个重要指标。具备换位思考能力的人容易与人交流。家长对换位思考的实践和示范为培养孩子的许多技能奠定了基础，这些技能对其将来建立令人满意的人际关系很有帮助。这些技能包括：正确理解社交暗示；轻松有效地与他人对话；主动倾听；鼓励和支持他人；有效解决分歧与争执。家长每一次换位思考，都是对孩子的良好示范，都是在给孩子今后成功地处理人际关系播下健康的种子。

"知己知彼，百战不殆"，父母开口之前，主动进行换位思考，就能全面地了解自己的孩子，就不会自说自话地对孩子喋喋不休，也就不会再用不正确的方式方法教育引导孩子。父母换位思考，就会营造出和谐、融洽的交流氛围，会使孩子更加理解父母，信任父母，愉快地接受父母的教导；更会培养出乐于进行换位思考，善解人意的孩子。

4. 尊重孩子争辩
的权利

父母在说服教育子女的时候，常常会遇到子女回嘴、反驳、顶撞等。面对孩子的争辩，做父母的该怎么合理处置呢？

由于受几千年传统观念的影响，中国家长觉得孩子小，见识少，阅历浅，不成熟，几乎形成了"父母说话、小孩子听"的习惯。很多家长不允许孩子和父母争辩，奉行"父母之命"的教义，孩子只能对父母的话言听计从，否则就认为有失父母威信，不守孩子的本分。

这其实是一种极不平等的观念，不但不利于和谐的亲子关系的建立，而且不利于孩子心智的发展。

许多家长的实践说明，父母平等地对待孩子，允许孩子争辩，孩子往往会讲出一通令父母受益的道理来。

某市科技协会副主席，一直希望儿子当上三好生，可儿子读到小学二年级还是没当上。当儿子取回成绩报告单交给她时，她一看成绩很好，老师评语也不错，就是上课做小动作的缺点老不改，于是很生气，数落了儿子一通，指责他有缺点不改。儿子听了坐在沙发上哭起来。

过了一会儿，儿子让奶奶送本书给妈妈看，书中讲有两个小组参加竞赛，预赛时甲组有位同学出了差错，于是大家就批评他，那位同学很紧张，决赛仍然出错，甲组因此失利；乙组预赛时也有位同学出了差错，可大家都鼓励他，结果决赛时那位同学再也没有出错，乙组赢得了竞赛的胜利。

妈妈看完这本书，心中不免吃惊：儿子长大了，这不是在教育我该怎么做嘛！于是，她来到儿子身旁问儿子还有什么话要说，儿子说了一句："我们班里的三好学生，他们的父母都是五好家长。"做妈的听懂了，从此关心代替指责，身教重于言教。等儿子上到三年级时捧回了三好生奖状。

明智的父母会尊重孩子，给孩子争辩的权利，认真地倾听孩子的申辩。

从孩子的争辩中，做父母的可以了解其发生某种错误行为的背景、条件以及心理动机等，因势利导地进行教育。如果孩子的申辩是对的，家长就应尊重孩子的意见。如果孩子的申辩是错误的，家长也应该摆事实，讲道理，以理服人，以情动人，使孩子心悦诚服。

让孩子争辩，也为做父母的树了面镜子，父母通过听取子女的争辩检验自己的教育方法是否得当，说的是否在理，发现不妥之处可以及时调整。

心理学家经过调查研究得出这样的结论：在反抗期，能同父母进行真正争辩的孩子，将来会比较自信，也富有创造力。孩子与父母争辩，在成长历程中至少有两点益处。

心理学家认为，促成孩子和父母争辩的直接原因，是他们语言能力的进步和参与意识的觉醒。在争论时，孩子必须根据自己对环境的观察分析，选择并运用学到的语汇和表达方式，试图有条理地表达自己的欲望、观点，挑战父母，这将大大刺激孩子语言能力的发展。而且，通过争辩，孩子可以学到争论、辩论的逻辑技巧，这对孩子日后思维的发展是有利的。

心理学家还认为，争执能帮助孩子变得自信和独立。在争辩中，孩子会感觉到自己受到重视，知道应该怎样表达才能实现自己的意志。争执也表明孩子自我意识的觉悟，正在尝试着走自己的路。孩子在与父母争辩后发现，父母并非总是正确的。辩论的胜利，无疑使孩子获得一种快感和成就感，既让孩子有了估量自己能力的机会，也锻炼了他们的意志力。允许孩子争辩，可以培养孩子的抗争能力，有利于在前进的道路上，树立起敢于拼搏、敢于斗争的精神。

因此，明智的父母通常不把自己的意志简单地强加在孩子身上，而是尊重孩子争辩的权利，为孩子的争辩创造一种宽松、平等的氛围。

尊重孩子争辩的权利，这对许多做父母的来说并非轻易能做到的。他们在教育子女的时候，往往是只能我说你听，哪容子女争辩？所以，给子女争辩的权利，需要做父母的克服自以为是、唯我是从、只准说是不准说不的单向说教的思维定式，代之以尊重孩子、鼓励争辩、勇于承认错误、善于双向交流的思维方式；改变轻则呵斥重则棍棒的粗暴行为，养成重平等、讲民主、以理服人的良好家教习惯。

5. 真诚地向孩子道歉

　　身为父母，你对孩子做错事了，会说一句"对不起"吗？或许，碍于面子，即便你知道是自己错了，还是硬撑着、扮强势？其实，向孩子说一句"对不起"，不仅不会有损父母的权威，还会构建起亲子间平等交流的平台。

　　大人和孩子都避免不了做错事，但是，孩子向父母道歉的情况比父母向孩子道歉的情况要多得多。一般人都觉得孩子不成熟，毛手毛脚，容易做错事，做错事后理所当然要道歉。对于孩子来说，他们通常都不知道父母也会犯错。另一个主要的原因是：很多父母认为自己一般能做对，即使做错事了也不需要道歉，他们觉得自己处在一种比较高的地位，为了维护自己的尊严，维护自己高高在上的一家之长的地位，即使犯了错误也不肯就自己的错误行为向孩子道歉。

　　教育专家和心理学家们的观点跟父母的恰好相反，他们认为，适时地向孩子道歉有利于改善家庭关系，有利于孩子的健康成长，也有益于提高父母的权威，同时父母还起到了一个以身作则的表率作用。当他们以一种谦卑、平等、平和的态度来对待自己的孩子，孩子在以后的生活中也会学到这种好的品质。父母做错事向孩子道歉了，孩子自然就会知道，以后他们做错事了，就要向父母或者被伤害到的人道歉。以身作则始终是最好的教育方法。

　　所以，做父母的要有一种气度、胸怀，不仅要把自己的孩子当朋友，还要善于反思自己的言行，若有不妥，应及时、真诚地向孩子道歉：

　　"对不起，我昨天因为公司的杂事而烦躁，没有听完你的解释就大喊大叫，你能原谅妈妈吗？"

　　"对不起，孩子，我忘记了我们的约定，请你不要生气了，我们这个周末再去看你喜欢的战争片，好吗？"

......

父母向孩子道歉，要注意孩子的年龄阶段。

相对于年龄小一点的孩子来说，父母其实不用讲太多的道理，不需要说太多的话，只要用一些行动，例如手势、表情、做法等，很自然就可以让孩子知道在这件事上，父母错了，而且父母在向他们道歉。如果孩子知道这种做法是错误的，那么他们一般就不会再犯类似的错误。但是对于年龄大一点的孩子来说，父母向他们道歉，就必须向他们讲明这件事错误的原因，为什么做错了，这也是对孩子一种间接的启发和教育。

父母向孩子道歉，要注意说话的态度。

父母道歉时的态度也是很重要的，不能太过于生硬，或者轻描淡写。以错误的态度，即使道歉了也不能挽回什么，只会加深误解，因为年龄大的孩子明显感觉得到父母态度的不同，意识到父母是不是在敷衍。因此，父母应用真诚的态度来道歉，不要碍于面子或者身份，只是略微地说一下。例如，父亲撞到女儿时候，与其说"我不是故意的"，倒不如真诚地对她说"对不起，女儿，我撞到了你"。显然，父亲大大方方的道歉比不真诚的辩解更能够得到女儿的尊重。

第4讲

倾听孩子的心里话

言为心声，父母要洞悉孩子的心声，就要善于"听其言"。父母要把话说到孩子的心坎上，首先要聆听孩子心里的真实想法。所以，在动口说之前，最好用耳去听。倾听是一门艺术。一个能引导孩子倾吐自己心里话，并且能耐心倾听孩子心里话的家长，一定是一个会说话的家长。

1. 聆听孩子的真实想法

　　辛苦工作了一天，把女儿从幼儿园接回来后，妈妈指着桌子上的两个苹果问："轩轩，你先挑，你要吃哪个？"

　　"我要先吃那个又大又红的！"

　　妈妈无奈地摇了摇头：讲了多少遍孔融四岁让梨的故事了，这孩子怎么还这么冥顽不化呢？于是，满脸愠色地追问："为什么啊？"

　　女儿忽闪着大眼睛说："然后，我再咬一口那个小苹果，尝尝哪个更甜。我要把甜的给妈妈吃！"

　　妈妈高兴地把女儿抱起来亲了又亲，心里暗自庆幸刚才没有急吼吼地批评教育女儿，而是耐心听，让女儿把话说完整了。

　　现实生活中这样的例子还有很多。曾几何时，父母是乐于、善于倾听宝宝的声音的，从宝宝呱呱坠地的第一声啼哭到咯咯的欢笑声、喝奶后打嗝的声音、吃手指时的吧唧声、咿咿呀呀的学语声……用心聆听如闻天籁，然后是一家人快乐地分享。当所有的第一次伴随着孩子成长的脚步逐渐转为常态时，父母们也重新回归到紧张忙碌的工作生活中。在工作压力下，在柴米油盐的日常生活中，父母开始有意无意地忽略了孩子的话语和表情。

　　日常沟通中，很多人不自觉地在忽视地听、假装地听、有选择地听，真正能做到专注倾听的人很少。他们往往忽视了高品质的倾听是有效沟通的前提和基础。在与孩子沟通的过程中，父母的听比说更重要，因为你首先应该积极努力地了解孩子的真实想法，而不是断章取义地听，喋喋不休地说。

　　为人父母都希望自己所说的话在孩子心目中占有很重要的位置，希望自己在诉说时，孩子能够认真倾听——直视着你的眼睛，调动一切思维跟着你的话语"行走"。但是，你是否反过来问过自己：每次孩子跟我说话时，我都在忙些什么？是不是停下了手中的工作，认真地看着孩子的眼睛，仔细地倾听了呢？

在如今的家庭教育中，有些父母认识不到倾听孩子诉说的重要性。一旦孩子有问题，父母总爱以成人的思维方式去评判孩子所做的一切，把自己的意愿强加给孩子，不能耐心听取孩子的解释，轻则呵斥，重则打骂。孩子因父母不能倾听自己的想法，只好将委屈和不满埋在心里，长此以往，做父母的很难知道孩子的所思所想，对孩子的教育会无所适从。

打断孩子的诉说和辩解，不让孩子把话说完，一方面不利于孩子语言表达能力的提高，另一方面也使孩子产生自卑情绪。久而久之，孩子就会与父母产生对抗情绪，以致双方相互不信任，产生沟通困难的问题，甚至还会造成孩子的不良心理。

当孩子诉说的时候，父母要做的不是马上对孩子的观点进行评价，而应该先认真听完孩子的话。这不仅是在对孩子进行平等做人、平等对待别人的教育，也是走进孩子心灵的有效手段。

在由联合国儿童基金会和中国少年儿童新闻出版总社组织的"倾听儿童心声"的活动中，联合国儿童基金会的新闻官员查尔斯表示："今天我们对'训导孩子'应有不同的理解，应转变为教导孩子、关心孩子，而实现这一理念的一个好办法就是认真地倾听儿童的心声。我们应该恪守的准则，就是当孩子带着问题找到你的时候，你应当立即停下手头的事情来回应他们。如果你当时实在是太忙了，那么你要向孩子解释清楚，并且告诉他们什么时间可以专门来谈这个问题。全社会都要认真倾听孩子们的声音，因为这是为孩子的成长做的一个非常重要的投资！"

因此，称职的父母应学会倾听、乐于倾听、善于倾听孩子的弦外之音，从孩子的倾诉中真切地感受和把握孩子的喜怒哀乐，真正了解孩子在想些什么、要求什么、希望什么；领会孩子的意图，分享孩子的快乐，真诚地为孩子的进步而高兴，为孩子的成功而喝彩。这样才能有效地用父母的体贴去化解孩子的烦恼，营造出充满爱意的温馨的家庭环境。

2. 不要打断孩子的话

老师发现乾乾最近变了，以前活泼开朗、上课积极发言的他，现在变得沉默寡言，总是一个人发呆，学习成绩也下降了。老师经过细心的了解，才知道了乾乾不爱说话的原因。

原来，乾乾以前每天放学回家后，都会把学校发生的趣事说给父母听，可乾乾的爸爸是个对孩子要求非常严格的人，他把全部希望都寄托在乾乾身上，希望乾乾将来能考上大学，出人头地，因此，对儿子的学习抓得特别紧。他觉得乾乾说这些话都没用，简直是浪费时间，因此每当乾乾兴高采烈地说话时，爸爸总是会打断他："整天只会说这些废话，一点用也没有，你把这心思放在学习上多好，快去做作业！"

有一次，乾乾说班里发生的一件事，正说得兴高采烈时，爸爸又很生气地打断他："说了你多少次了，让你别说这些废话，你还说，再记不住，看我不打你！"吓得乾乾一个字也不敢说，赶紧回到自己房间里去了。

慢慢地，乾乾在家里话越来越少了，而爸爸也不让他出去玩，每天放学后他就只好闷在自己的房间里，久而久之，他就变得沉默内向、郁郁寡欢了。

亲子之间的沟通交流是影响亲子关系、孩子性格发展的重要因素。所以，如果父母们能对孩子的倾诉多一点耐心，不急于打断孩子的话，那么孩子遇到事情时就会乐于向父母倾诉，与父母建立良好的沟通。

倾听孩子的诉说，充分尊重孩子说话的权利，这不是纵容孩子的行为，也不能视之为放任孩子的狡辩，这是一种家教艺术。这门艺术的关键在于不要轻易打断孩子的话。孩子虽小，但他们也有独立的人格和自尊，他们有表达内心的感受、阐述自己看法的自由，父母应耐心地让孩子把话说完。

不管是因为没有时间听孩子细说，还是觉得孩子的话没有道理，当和孩子交流或者听孩子说话时，都不可以轻易打断孩子的话。这样做的好处是：

一、可以保持孩子思维发展的连续性、紧密性和逻辑性。孩子的思维由于发展的有限性，很容易被中断，而一旦中断则不容易再续，这就是为什么当家长没有听清孩子的话要求他重复、而他却没有办法再重复的原因。所以，当孩子说话时，注意力一定要保持高度的集中，认真听，这不仅表现出家长对孩子的尊重，也可以帮助孩子发展完整的思维。如果孩子的思维经常被打断，那么他就很难建立好的思维习惯，以及发展思维能力。

二、可以让孩子充分表达自己的感受和想法。有时孩子与你倾诉，并不是为了让你帮他解决问题，而仅仅是想要你感受他的感受。一旦孩子的倾诉被打断，那么他的感受也就会被阻断，这样既不利于他的情绪发泄，又不利于他形成积极的良好的情绪。

三、可以给孩子一个礼貌的好榜样。在人际交往中，轻易打断他人的话是不礼貌的行为。认真倾听孩子说话可以帮助孩子养成倾听他人的好习惯。

3. 如何让孩子吐露心声

现在，一些家庭里孩子和父母形同路人，孩子从不对父母说自己的心里话。

田先生平时工作很忙，和儿子说话很少。儿子就要中考了，田先生想抽出时间多陪陪儿子。可儿子反应很冷淡，对田先生的主动提问也是敷衍了事。田先生清楚地记得几个月来，儿子对自己说得最多的一句话竟然是："爸，给我点钱。""现在的孩子怎么了，难道我们父子关系现在只剩下金钱了吗？"田先生无奈地说。

呼女士一天的精力大部分放在她正在上高一的女儿身上。每天不到六点就起床做好早饭，看着女儿上学后才匆忙去上班，下班后顾不上喘口气又是洗洗涮涮。但除了一些生活中非说不可的话，从小活泼好动的女儿面对母亲时显得很"内向"，和同学打电话时却滔滔不绝，这让当妈的呼女士既羡慕又生气。她说："我为她付出了那么多，她有话却不对我说，到头来还比不上她的同学！"

很多父母希望孩子对自己无所不谈，以便了解孩子真实的生活和思想，走进孩子的心灵，随时掌握孩子思想的脉搏，引领孩子向健康的方向发展。但是，孩子有话不对你说怎么办？如何才能让孩子向父母吐露心声呢？

创造机会。"孩子，过来，妈妈和你说说话。"如果你和孩子的谈话是这样开始的，那么往往说话的只有你一个人。如果换一个时间，换一种方式，例如，在接孩子回家的路上，或周末与孩子一起下棋、玩游戏时，往往是孩子滔滔不绝、口若悬河的时候。这时候，你将会有意想不到的收获。要想多

把话说到孩子心里去

了解孩子的生活，就要多创造这些和孩子一起活动、对他们没有压力的机会。当你真正需要问问题时，也要少用"为什么"，这个词往往会激发孩子的逆反心理。

控制情绪。当得知孩子碰到一些不如意的事或做错了事的时候，你千万不能激动，要控制自己的情绪，冷静地与孩子一起分析原因，寻找解决问题的办法。比如，当孩子告诉你他在幼儿园里与一位小朋友打架时，你心里虽然很恼火，但也不能把这种情绪表露出来，要用很平静的态度让孩子说出事情的经过，判断一下孩子打架的原因。否则，会造成孩子以后只报喜不报忧。

尊重孩子。当孩子兴致勃勃地告诉你事情的时候，也许你有一大堆的活要做，但你最好把手头的事暂时搁一搁，耐心地倾听孩子的叙述。如果你真的有很急的事情要做，也要与孩子商定好时间。因为大人们总是有计划地做事，而孩子往往只重眼前。大人们要遵守他们的时间表，切忌一边做事一边听孩子说话，让孩子觉得你心不在焉，对他的话一点也不重视，与你说话没劲。

奖励诚实。当孩子已经改正了错误，或表示要改正时，你首先要对他的诚实表示肯定，以真诚的态度表扬和奖励他。让孩子不必担心因为他的失误而失去父母的爱，使孩子逐步养成主动承认错误、改正错误的好习惯。

保守秘密。即使对最开放、最友好的父母，孩子还是有他自己的秘密。随着孩子的长大，他也会有心中的秘密不愿告诉你，或者告诉你要你替他保密。如果你已答应了孩子的事，就必须遵守诺言，否则，你将有可能失去孩子的信任。要让孩子知道，不管什么时候、什么情况，父母永远在他的身边，随时给他帮助和支持。

4. 有效倾听孩子的技巧

　　父母在倾听时，并不只是一台录音机，重复孩子的叙述，而是整理孩子的叙述，并找出隐藏在孩子话语中的感受，然后帮助孩子真实地呈现他们想要表达的一切情感和需求。

　　孩子的情绪感受是看不见、摸不着的东西，父母要贴切地了解孩子的感受，并且适当地反映出来，就有赖于父母有效的倾听。成为一个有效的倾听者需要全神贯注的功夫，包括看——眼神的接触及注视，听——耳朵的接收及传递"我正在听"的反应信息，适时给予孩子回馈和反应。

　　捕捉非语言的信息。沟通并不仅是语言的交谈，有时候非语言的行为——脸部表情、眼神、手势、坐姿与音调高低快慢等亦传递着沟通的信息，有研究者认为这些非语言的行为所传递的信息可能比语言沟通更重要，更具真实性、可靠性和代表性。如果父母想要了解孩子内心的感受，光凭语言交谈的沟通并不容易达到目的，必须对孩子的非语言行为所代表的意义有所洞察。

　　给孩子良好的反馈。当孩子与父母分享情绪感受时，父母要不时地与孩子眼神接触，但不是紧盯不放地注视，同时要避免打断孩子的说话，要表现出注意、轻松、有兴趣了解的表情，并不时地使用"是的""嗯""我了解"这样的语言，偶尔点点头来表示你对他说话内容的注意，鼓励孩子继续说下去。父母的这些表现最能传递"我关心、我正在听"的信息。

　　告诉孩子你所听到的以及你的想法。仅仅倾听和理解是不够的，父母还必须用语言对孩子所说、所想及所感的事情作出反应。可以不时地总结、重述孩子所讲的关键内容，包括他的感受以及导致这种感受产生的情境原因。但尽量不要逐字地重复孩子的话，应使用相似的语言来表达相同的意思。

对孩子的感受进行命名。在仔细听取孩子的诉说并观察其面部表情后，对他的感受进行猜测并试着给予命名。如果第一次的猜测不正确，再试一次。讲话时要尊重孩子，保持冷静，且语速要缓慢。当猜测不正确时，应鼓励孩子帮助父母纠正。只有在帮助孩子了解其感受之后，父母才能给他提供忠告、建议或教他以不同的方式看待事情。

第 5 讲

态度对了，孩子也就听了

　　"你什么态度？"当别人对你说话时态度不好，你也许会这样责问对方。身为父母，你是否想过孩子也会问同样的问题呢？在跟孩子谈话的时候，一定要调整好自己的态度。如果你能保持温和、平易、宽容、诚恳、幽默、低调的态度，你说的话，孩子怎么会不听？记住：父母说话的态度，决定着孩子听话的程度。

1. 少一些粗暴，
多一些温和

家长动辄对孩子大喊大叫、呵斥挖苦，甚至破口大骂、拳脚并用，说到底，是一个教子态度、说话态度的问题。家长以非常粗暴的态度和孩子说话，只能激起孩子的强烈逆反，导致亲子关系恶化，百害而无一利。

年幼的孩子，由于生理机制和认知能力的局限，对事物无法加以判断，只能凭感官刺激来体验。父母的粗暴态度，往往被看成是一种威力，表面上会屈从，内心却在默默抵抗，有时还会出现父行子效的现象。童年的孩子，由于生理和心理方面获得了一定发展，对生活中的现象能推理和判断，在承受父母的粗暴态度以后往往难以服气，便另寻发泄机会，如常常可见的大孩子对弱小儿童的迫害现象。青少年期的孩子，由于生理和心理走向成熟，对社会生活中的各个方面，具有强烈的欲望，自主意识较浓。对父母的粗暴态度，内心会十分反感，不但不会认识自身的错误，相反，更容易走向极端。

前苏联教育家马卡连柯描绘父母行为对孩子的影响时说："如果你们在家里粗野暴躁、夸张傲慢或酩酊大醉或再坏一些，甚至侮辱母亲，那么你们已经大大地伤害了你们的儿童，你们的儿童教育做得很坏了，而你们的不良行为，将会产生最不幸的后果。"在棍棒面前，孩子一方面受父母打骂无力抗衡，就会在外模仿大人的举动去对付别人，欺负弱小的孩子；另一方面会慑于大人的威势，为逃避责罚，寻求保护自己的方式——撒谎、欺骗。

教育专家陈鹤琴认为，孩子幼小的心灵极易受到挫伤，任何粗暴武断的教育方式都是不合时宜的，只有用温和的方式，才能走进孩子的心灵。

为什么教育孩子时最好采取温和的态度呢？

首先，温和的态度能减缓孩子的心理压力。多数孩子都害怕批评，这是一种潜在的心理负担。一旦受到了父母粗暴的呵斥，这种负担便会转化为"心理压力"，孩子会因为考虑到父母将怎样处置，而变得焦虑不安、精神紧张；同时，自我保护的本能又会促使孩子作出"心理防御"，以至于在父母面前不敢也不愿道出真情。

这时，倘若父母能用和蔼、温和的态度开导、说服，孩子就会获得心理上的宽慰，紧张的神经会渐渐松弛。孩子情绪稳定了，父母的话也就容易接受了。

其次，温和的态度能减弱乃至消除孩子的逆反心理。常有这样的孩子，从小就受到父母过分严厉的斥责。可以说他们是伴着训斥声长大的。在这些孩子眼里，父母不可亲近，而且令人憎恨。由于情绪的强烈对立，所以对父母的要求，往往一概拒绝。有时甚至反其道而行之，故意调皮捣蛋与父母对着干。可见，严厉斥责只能使孩子的对立心理更趋激化。

父母以温和的态度心平气和地就事论事，会对孩子产生良性暗示，从而愿意接受父母的教诲。如果长期坚持这样做，自然会消除逆反心理，而且自觉按照父母所讲的道理去学习、生活和做人。

第三，以温和的态度与孩子谈话，可缩短亲子之间的心理距离。父母对孩子温和，有利于增进彼此的亲密关系。相反，那些热衷于保持父母的"尊严"，动辄对孩子粗暴的、声色俱厉的训斥，往往会阻碍父母与子女之间心理的沟通和感情的交流。

总之，用温和的态度与孩子沟通，比较合乎孩子的心理要求和特点，有助于促进父母与子女之间的思想交流和感情的沟通，从而使孩子尊重父母、信赖父母，自觉自愿地接受父母的批评和教导。

很多父母也想用温和的态度跟孩子说话，但往往控制不住自己的情绪，不知道自己该怎么样才能做到。试试下面的方法，你会发现以温和的态度对

孩子说话并不难:

冷静控制情绪,平衡心态。在和孩子的谈话中,如果和孩子的意见发生冲突,千万不要失去控制大吼大叫。应该冷静地分析一下孩子的意见是否正确:如果正确的要给予支持;如果是错误的,父母应该在商讨的气氛中用温和的态度给孩子分析。

学会对孩子的错误"冷处理"。父母呵斥打骂孩子往往是自己急了的时候,因此要学会"冷处理"。所谓"冷处理"就是在自己着急、上火、生气时不要教育孩子,自己先消消气,等心平气和了再教育孩子。而当孩子处于生气、激动的时候,也不适宜进行教育,应该等孩子平静下来后,再用温和的态度跟孩子讲道理。

2. 不用命令的姿态跟孩子讲话

家庭教育专家卢勤女士说："与其用命令的方式对孩子指东指西，不如蹲下来好好和孩子说话。"

有的家长在家里总爱摆摆为人父母的架子，对孩子呼来唤去，常用命令的口气对孩子说：

"把我的眼镜拿来！"

"不要动那本书！"

"今天晚上不准出去玩！"

……

威风倒是够威风，可是这样的父母逐渐会发现，孩子们慢慢地不吃这一套了，而是常将父母的一道又一道的命令当耳旁风，甚至"抗命不遵"。

著名教育家陈鹤琴在其名著《家庭教育》一书中讲述了自己的真实经历：

一天，陈鹤琴的儿子拿了一块破烂的棉絮裹在身上玩。陈鹤琴看见后，考虑是立刻把破棉絮夺去呢，还是让他在玩弄中获得一种经验；或者命令他将棉絮丢掉，以其他东西替代。思考了一番，陈鹤琴觉得还是用积极的暗示去指导为好，就对孩子说："这是很脏的、有味的，我想你一定不要，你平时都喜欢干净，去拿一块干净的吧。"孩子听了，果然很高兴地跑去了。

陈鹤琴事后总结说："无论什么人，受激励而改过，是很容易的；受责骂而改过，比较不容易；而小孩子尤其喜欢听好话，不喜欢听恶言。大多数做父母的看见小孩子玩肮脏的东西，就自然而然地去把东西夺过来，还会骂他，甚至于还要打他。其结果是，小孩子改过的少，怨恨父母的多；即使不怨恨父母，至少也一定不喜欢父母了！"

把话说到孩子心里去

可见，与其命令，不如积极地暗示。

以粗暴命令的姿态跟孩子说话，易于形成父母与孩子间的对立，让父母的教育行动没了回旋余地。

例如：父母命令孩子去睡觉，偏偏孩子置若罔闻，只管自己玩自己的，而父母一时也拿这些小淘气没办法。这样次数多了，孩子就觉得不听父母的命令也没什么，下次也就更不会听了。如果父母明白孩子的心理，这样对孩子说："呀，这东西真好玩呀！可惜时间不早了，乖孩子，应去睡觉了。要不你再玩5分钟，就去睡觉，好吗？"这样既夸了孩子乖，又是用征询的口气同他说话，孩子感到受到了尊重，也许到不了5分钟就乖乖地上床睡觉去了，同时还为父母留下了余地。即使孩子暂时不听话，也不至于激得父母为了自己的威严大动肝火。父母一旦向孩子发出了命令，那是一定得让孩子服从的，否则不利于以后的教育。

如果父母经常以命令的姿态对孩子支配来支配去，孩子处于被动服从的地位，时间长了，就会形成退缩的性格，依赖性强，缺乏主动性；也有可能走上另一个极端，孩子经常与父母"顶牛"，逆反心理增强，走入社会后也会具有反社会性。

3. 宽容就是一种说服力

常言道，宽以待人。对别人宽容，是做人的基本品德；对孩子宽容，是做父母的基本素质。当孩子偶尔做错了一件事情的时候，父母应该以宽容的态度对待孩子，而不是动辄发怒，粗暴地训斥或者打骂孩子。

心理学研究表明，小孩子的一些过错行为具有偶然性和盲目性，并没有构成一种习惯，往往是由于好奇心和喜欢模仿等原因造成的，并非有意识的错误行为。在这种情况下，父母的宽容是对孩子的理解。孩子体会到了父母的理解，会更加珍惜父母的宽容，加倍努力使自己的语言和行为更规范，尽力把自己要做的事情做好，让父母满意。

宽容要比训斥的效果好。宽容是对孩子的尊重，这种尊重很容易转化为孩子的情感体验，反过来尊重父母，达到情感沟通，父母的话就更有说服力了。可以说，宽容就是一种说服力。

若孩子期末考试数学考了 50 分，许多父母看到这个成绩后，不事先了解情况，先埋怨，后呵斥，甚至棍棒加身，以后孩子很可能再也不敢回家和父母说考试情况了。而宽容的母亲得知孩子考试没考好时，会帮助孩子分析失利的原因，鼓励孩子不要气馁，要有比学赶超的决心。这样，孩子就会从内心接受父母的谆谆教诲，发奋读书。

孩子在客人面前做错了事，给家长丢了面子，父母也应该学会宽容。如果家长不宽容孩子，当着客人的面打骂孩子，不仅会丢父母的面子，孩子也会在心里埋怨父母，非但达不到教育的目的，还有可能造成孩子的逆反心理，固执地一错到底。

在一次朋友聚会上，一位父亲经历了一场不小的考验：其刚上小学不久的孩子是个"人来疯"，人越多话就越多。当大人们在一起聊天时，不知怎么回事，他竟然插上来讲起了父母的性生活，而且讲得绘声绘色，引得人们哈哈大笑。那位父亲顿时尴尬无比，使劲朝儿子瞪眼睛，示意他赶快"刹车"。可儿子就是不理他的茬，坚持说完自己的"故事"才罢休。最终，这位父亲什么也没说，什么也没做，只是坐在那儿朝着每个人苦笑。

这位父亲对其儿子的"犯上"行为，采取了一种宽容的态度，这种宽容和理解是非常难能可贵的，使他在极其窘迫的情形下，保持了冷静，没有对孩子大喊大叫，更没有大打出手。

一次，在地铁上，一位母亲给小男孩讲智力故事，其中穿插了一道智力题：皮球滚到树洞里拿不出来怎么办？小男孩侧着脑袋想了很多办法，比如用手捞，用竹竿捅，找警察叔叔帮忙……母亲一一给予否定，并说正确的答案应该是用水灌。小男孩不服气地说："要是这个洞是漏的，怎么办？"周围一直听着这母子俩交谈的乘客都被小男孩的奇思妙想逗乐了，唯独他的母亲气不打一处来："你总是想到歪路上去！"说完还打了一下小男孩的头。

由于年龄的限制，孩子的认知水平有局限，社会化程度比较低，所以他们常常会分不清讲话应注意的场合，回答问题瞎七搭八，甚至胡说八道，还常常会犯一些在大人们看来是非常低级的错误。对此，许多父母立刻肝火大发训斥孩子："你怎么尽说傻话！""闭嘴，别乱说！"甚至给孩子一顿饱揍。这样做的后果，不仅是伤害了孩子的自尊心，也可能打击了孩子表达个人见解的欲望，熄灭孩子积极思考的热情，对孩子的发展极为不利。作为家长，无论遇到怎样尴尬的局面，无论那一刻你的孩子表现得有多糟糕，都要努力以宽容的心态，保持稳定而冷静的情绪，客观公正地对待孩子，谅解孩子在成长过程中的无知和过失。

父母对待孩子宽容，绝不等于放纵，也不等于孩子犯了错误不闻不问。这里所说的宽容，是指父母对孩子所犯的一般性错误行为暂时不做指责和批评，经过父母和孩子双方冷静思考后，再来共同确定或者找出解决问题的办法。

父母的宽容能够给孩子留下一个思考和反省的空间，父母的谅解能够给孩子极大的宽慰和鼓励。孩子做错了事，冷静之后，父母再找孩子了解一下情况，为孩子解疑释惑，就很容易说服孩子，效果要比马上批评指责好得多。

4. 讲究诚信，说话算数

中国青少年研究中心的一项全国调查表明：中小学生最不满意父母的 12 种行为中，"说话不算数"占 43.6%，排在第一位。

一位小学生在给心理咨询专家的信中，伤心地说：

我爸爸、妈妈说话一点儿也不算数。我爸说，只要我考进前 5 名，他就带我去坐过山车。可我真的考了第五名时，他却说没时间，下次吧。我妈妈也一样，她说我写完作业就让我下楼和小伙伴玩，可是我写完了她又让我弹一个小时的钢琴。每到这时候，我都会想起电影《麦兜的故事》，麦兜的妈妈让他吃药，说吃了药病就好了，病好了就带他去马尔代夫。结果麦兜吃了药，病好了以后，妈妈却再也不提去马尔代夫的事了。麦兜再问，妈妈就说，发了财再说吧。我理解麦兜，觉得他和我一样可怜。以后爸爸、妈妈再怎么向我许诺，我都不相信他们了，全是骗人的！

对孩子说话不算数的父母，很少用同样的态度对待身边的成年人，因为他们知道"人而无信，不知其可"的道理。但是他们认为，对孩子说话算不算数无关紧要，所以"哄孩子"一词在中国很流行，几乎成了父母们的共识。

父母对孩子言而无信，最本质的原因是父母把孩子当作自己的附属品，没把孩子当成独立的人，因而也没有把对孩子的承诺当真。

如果父母不讲诚信，说话不算数，孩子自然会失去对父母的信任；父母说的话连信都不信，又怎么能听得进去呢？久而久之，孩子也就不会和父母说心里话，相互间的沟通会因此受阻，亲子关系也会受到影响。

父母言而无信会让孩子对大人失望。在孩子眼中，父母就是天，就是地，他们从心眼里崇拜和依赖，特别是在 10 岁以前，父母的每句话对孩子来说都如同圣旨一般。一旦孩子发现父母对自己的承诺只不过是一种哄骗，就会大为疑惑和失望：父母都可以说话不算数，这个世界上还能相信谁呢？这种恐慌感会给孩子带来巨大的心理危机，由此引发的对父母权威性的挑战几乎是颠覆性的。

古人很早就知道这个道理，孔子的学生曾参的教子典故，给现代父母很多启迪：

一天，曾参的妻子要到集市买东西，小儿子闹着也要跟妈妈一同去，曾参的妻子便随口哄孩子说："你留在家里，妈妈回来杀猪给你吃。"等到妻子回家后，曾参便要捉猪杀。他的妻子赶快制止他说："我刚才只不过和孩子说着玩罢了，你怎么真的要杀猪？"曾参对妻子说："小孩是不能欺骗的。小孩年幼无知，只会学父母的样子，听父母的教诲。如今你说话不算数，哄骗孩子，实际上是在教孩子说谎。当妈妈的欺骗了孩子，孩子便会觉得母亲的话不可信，以后妈妈再对他进行教育就不会有效果了。"于是曾参就把猪杀了。

父母的行为是孩子学习模仿的对象。倘若父母言而无信，那孩子日后也就很难有诚信的美德。

对于孩子，你可以少承诺，但承诺了就要履行诺言。天有不测风云，生活千变万化，总会因为一些特殊因素，使某些承诺难以兑现。当已经答应了的事情确实不能兑现，父母应及时给孩子解释原因，并且用诚挚的态度向孩子道歉，让孩子从心里理解和原谅父母。

父母也有责任告诫孩子不要轻许诺言，一旦许诺，就必须遵守，对自己的言行负责；并对孩子诚信的言行及时表扬和鼓励，促使孩子从小养成诚实守信的好品质。

把话说到孩子心里去

5. 态度越幽默，孩子越快乐

父母对孩子说话的态度多种多样，但总的说来，不外乎疾言厉色、心平气和、风趣幽默三种。家庭教育的本质在"教育"二字，无论父母采取哪种态度，都离不开生活理念的灌输，不同的灌输形式产生的效果大不相同。疾言厉色的态度可以威慑孩子，但容易让孩子产生对抗心理。心平气和式的态度能使孩子体会到自己与父母在人格上的平等，但由于语言平淡，不痛不痒，无法产生持久的效果。而风趣幽默的态度触动的则是孩子活泼的天性，因此更能在他们心中留下深刻的印迹，使他们时刻以此警示自己。

世界上有人拒绝痛苦，有人拒绝忧伤，但决不会有人拒绝幽默和笑声。在教育孩子时，父母如果能经常想到"寓教于乐"，再顽皮、再固执的孩子也会转变。幽默表面上只是一种说话态度，实际上它贯穿的是一种乐观精神，一种坚信"明天会更好"的执著，反映了教育的人文本质。

当孩子处于青春期时，逆反心理会加重，家长说话时幽默风趣，既保护其自尊心，又达到教育效果，自然易于被孩子接受。

15岁的刘金晚上喜欢独自在房间里听听音乐。一天晚上，时钟已经敲了11下，刘金仍然沉醉在美妙的歌声之中。妈妈喊了几次，见刘金仍无反应，气得她欲起身冲到儿子房间里去斥骂一通，但被爸爸劝阻住了。爸爸起身到刘金房间门口，和颜悦色地对儿子说："你能把音响借给我们用一下吗？""你们也想听流行歌曲？"刘金问道。"不，我们想睡觉！"爸爸回答。刘金听后笑了起来，立刻意识到自己深夜听音乐影响了父母休息，他面带愧色地关上音响，上床睡觉了。

试想父母如果采用责骂的方式阻止，可能会产生一场冲突，但是爸爸幽默的话语避免了冲突，刘金又从中受到很好的教育。家庭教育中，幽默这个"润滑剂"真是不可少啊！

幽默地说话远远胜过呆板无味地说教，能使父母的教育导向化为无形，更有力地传递给孩子。

若兰在寄宿学校就读，离校回家时带了一大包脏衣服。爸爸见状说："今天家里的'永久牌'洗衣机出了点小故障，需要休息。"若兰听了一怔，旋即领会了爸爸的意图，就自己动手洗衣服，减轻妈妈的负担。后来，她基本上都是自己洗衣服了。

懂得幽默的父母一定可以巧妙地化解很多亲子间的冲突和僵局。

在客厅踩到乐高玩具的父亲，痛得眼泪都要流出来了，他固然有生气的理由，因为他已经不止一次叫孩子把玩具收好，偏偏他屡教不改。此时，父亲若能转换一下口气："我相信宝宝今天一定有乐高的作品，能否让我欣赏一下？可惜的是有一些掉在地上了，害得我脚底差点流血。"孩子一听父亲的话一定会很不好意思地道歉，并答应下次要收好。

只可惜很少有父母能以幽默的态度去看孩子的错误行为。

幽默会带来快乐，使人从痛苦的情绪和经验中挣脱出来。幽默能使人把沮丧变欢笑，若能笑谈那些看来似乎是很严重的事情，那么就可以将幽默的力量发展到极致。在孩子成功之前，必定会经历许多挫折，如果父母能以轻松幽默的态度去看待，孩子必定会被你的诚意所感动。幽默更是亲子沟通的润滑剂，在幽默中搭起的亲情桥梁是温馨而持久的。

父母还要注意的是不要让幽默变成挖苦或讽刺。幽默并非用尖酸刻薄的话语来反讽孩子，而是诚心诚意地给对方机会，用笑话来化解尴尬，千万不要让孩子觉得自己渺小、自尊受到伤害，尤其对有些敏感的孩子，要防止弄巧成拙。有幽默感的父母不会钻牛角尖，凡事都会预留空间，也不会显得神经兮兮、大惊小怪的。有幽默感的父母，能使孩子看清事情的正确与否，并且有改过自新的勇气，因为孩子知道父母会给自己机会。

6. 调子尽量低一点

很多父母跟孩子说话时都"调子很高"，这并非指说话时声音提高了分贝，而是说他们对孩子的期望值太高、要求太高，远远超过了孩子所能承载的范围。

一些父母，孩子还没生出来，就又是听胎教音乐，又是做胎教按摩，恨不得孩子生出来的"第一声啼哭就是一首绝妙的好诗"。生出来之后呢？又是搞"零岁方案"，又是吃各种营养品，恨不得孩子从幼儿园出来就是博士后。高调的父母日复一日地在孩子耳边絮叨：

"儿子，你要为我争口气啊，一定要争第一！"

"你考不上重点大学，我的脸往哪儿搁啊？"

有道是：期望越高，失望可能越大。当孩子无法承受父母的高期望时，就可能走向极端。

1993年4月29日，四川省峨眉山市19岁的杀人犯彭××被依法处决了，因为他杀死父母，还刺伤了同胞弟弟。究竟是什么原因使其用残暴的手段杀死非常疼爱他的父母，又刺伤同胞弟弟呢？

彭××的父母把对未来的希翼都注入到孩子特别是长子彭××身上。父亲经常指着电视里面中央领导的镜头对他讲："你长大了，就要像这些大人物一样给老子风光风光！"

为了使彭××能考上高中、大学，每天他放学回家后，父母就不再让他下楼去玩，而是把他关在家里死啃书本，读报也被视为不务正业，几乎剥夺了他和外界的交往和其他爱好。专制的教育方式使他愈来愈难以忍受，从洗耳恭听逐渐到公然对抗父母。本来基础脆弱的他，学习成绩不断下跌，父母非但不帮他分析原因，还一味责怪他"没出息"。用他的话说：家不像家，而像个派出所，父母是所长，他就是小偷。

后来，他因几分之差不得不去读自费高中。他本来就很自卑，在这一连串的挫折面前更觉得抬不起头来。他想到父母是近亲结婚，自己学习成绩差，都是父母近亲结婚造成的。面对父母更多的责怪，他的怨恨心理愈发强烈，进而产生了自杀和杀人的念头……

彭××在押时说："父母的要求太高，我永远也达不到，所以我恨他们。"在他的日记中有一段令人深思的话："我对天下父母说的最后几句话：父母不但要在生活上、身体上关心孩子，更应该在心理健康上关心孩子，因为身心健康才是真正的健康。另外，就是要根据自己孩子的能力，提适当的要求，不要提不切实际的过高要求。"

和彭××的父母一样，千百万的中国父母望子成龙、望女成凤，渴望孩子出人头地的心情非常迫切，这种对子女的过高期望已成了一种特殊的病态，折磨着千百万的孩子，导致了许多的家庭悲剧。

许多家长最大的疑问就是，为什么对自己孩子"合理的"高要求总是得不到响应，甚至是完全相反的回报？其实，大多数高要求都是父母一厢情愿的要求，许多家长用"一厢情愿"替代了"顺应自然"的法则。古训云："顺理而举易为力，背时而动难为功。"很值得为人父母者的思考。父母的态度太高调，往往只是对孩子空洞的高要求和理性说教，不能给孩子具体的指导和建议，更不顾及孩子的实际情形和内心感受，很容易导致亲子冲突。

在当前的中国，考大学被喻为千万人争过独木桥。很多家长逼孩子考高分，上"独木桥"，不惜一切代价考上大学，特别是重点大学、名牌大学。

诚然，望子成龙、望女成凤是每个做父母的美好愿望，但如果家长过高的期望值背离了社会需要和孩子身心发展的内在规律，就会严重影响孩子的身心健康。世上成才的路有千万条，父母们为何一定要逼孩子上"独木桥"

呢，为什么不能低调一点呢？

美国哈佛大学教授霍华德·加德纳所说："通向成功的道路有许多条，在不同领域、不同行业，人们取得成功所需要的才能和智慧是不一样的。"所以，家长的重要职责在于发现并发展孩子的天赋、特长。如果每一位家长都要求孩子在考试分数上攀比，就会扼杀许多孩子的天赋。

社会永远需要不同的才能和智慧。考试分数的高低，充其量只能证明孩子掌握了多少所学知识；而他们能力和素质的高低，却不能用书本知识、考试能力来加以衡量。家长应当明白，同时也要让孩子明白：真正有本领的人应当拿出别人拿不到、拿不出的东西来！

父母的态度尽量低调一点，对孩子的要求尽量合乎孩子的实际一点，孩子就容易接受，孩子也活得轻松一点，快乐一点。当孩子经过努力达成父母合理的期望时，就增强了自信心，也获得了向更高目标奋斗的动力。

第 6 讲

不言之教，无声胜有声

老子主张"行不言之教"。白居易诗云："此时无声胜有声。"在适当的时候，父母的沉默不语比喋喋不休更有威力，巧妙暗示比耳提面命更有效果。而父母的举止做派，本身就是对孩子的潜移默化和无声教育。大爱无言，大音希声，如何对孩子施"不言之教"，实在需要父母的大智慧。

1. 大爱无言，适时沉默

有句谚语说得好："沉默是金。"因为沉默，少了一些唠叨，孩子反而可能会有更多理性思考的空间。很多事例证明，沉默在家庭教育中有其独特的功效，如果家长能够恰到好处地运用，起到"此时无声胜有声"的教育作用。

著名作家莫言在谈到他教育女儿的经验时说：

我是一个不善于表达的人，虽然很疼爱女儿，但女儿小的时候，我和女儿的关系就像是两株彼此相邻、默默生长的植物，我只是顺应女儿的天性，让她快乐地成长。

1995年，13岁半的笑笑和母亲离开山东，随我来到北京生活。女儿笑笑此时已长成一个渐渐褪去天真的大孩子，在北大附中初二年级插班上学。虽然对女儿青春期的成长，和天下所有的父亲一样，我也是密切关注的，但有所不同的是，我对女儿的疼爱和关心更多的是不事张扬、默默无言，甚至有的时候，这份父爱是深埋在平静的外表之下的，轻易不会表露出来给外人看到。

笑笑读高一那年，一天中午，突然下起了大雨。早上上学时天还很晴朗，笑笑没有带伞，中午到食堂吃饭时才暗暗叫苦，这雨总也不停，下午可怎么回家？然而回到教室却意外发现课桌上放着一把崭新的伞。同学们羡慕地告诉她："笑笑，你真幸福，刚才是你老爸来给你送的伞！"一股暖流涌上笑笑的心头。打着伞回到家看着父亲俯身爬格子的背影，笑笑只感到父亲的爱沉甸甸。

如今，女儿有出息了。有人问我，为何能教育出这么一个既优秀又感恩的女儿，我能说的是：大爱无言，沉默也是一种教育。

把话说到孩子心里去

选择沉默，并不意味着对孩子不闻不问，放任自流，而是时时刻刻对孩子作出暗示。在平时的生活中，要求孩子做到的，家长首先要做到。用沉默无声的行为来暗示孩子，感召孩子，以静制动，从而收到"不令而从"的效果。

父母若发现孩子犯较严重的错误而又弄不清楚真实情况的时候，为使孩子不隐瞒过错，及时纠正错误行为，可以先沉默不语，让孩子在父母的沉默中感到震惊和压力，自觉地把问题讲清楚。这样父母可以对症下药，因势利导。

当年陶行知先生在育才学校任教时，班内的一位女孩在考试题中少写了一个标点，结果被扣了分。试卷发下来后，她偷偷地添上了标点，来找陶老师要分。当时陶先生虽然从墨迹上看出了问题，但是并没有挑明，而是满足了女孩的要求。不过，他在那个标点上重重地画了一个红圈。女孩顿时领会了老师的意图，惭愧不已。多年以后，那女孩已经成人成才了，她找到陶行知先生说："从那件事以后，我才下决心用功学习，才下决心做个诚实的人。"看来陶先生的一次"沉默"不仅没有妨碍孩子改错，反而促进了孩子更好地做人。试想，如果陶先生当面指出真相，结果会怎样？不是女孩被迫认错，就是她一时碍于面子，死活不认。但是无论哪种结局，孩子的自尊心都将受到伤害，更谈不上对那位女孩有什么教育作用了。

在批评和劝诫孩子时，家长最容易犯的毛病是当众把孩子说得一无是处。这种批评方式和态度，容易伤害孩子的自尊心，导致孩子的抵触和反感。有时候用沉默来代替对孩子的直接批评和斥责，反而可以达到预期的教育目的。

如果发现孩子语言轻狂放肆或行为不够检点，父母可以采取沉默的态度，使自己显得和谐而稳重、慈祥而威严。这样，孩子就会感到父母身上有一种令人敬畏而又神秘的力量，于是会自觉地修正不良行为。

在辅导孩子学习或进行交谈时，父母适当地使用短暂的沉默，可以使自己有理清思路、选择措辞和观察孩子反应的机会。特别是当孩子与伙伴发生纠纷，父母在解决问题时，可以适当使用沉默，进行"冷处理"以缓和气氛，使孩子冷静和理智一些，从而接受父母的教诲。

在日常生活中，许多父母习惯于"明说"教育，也就是耳提面命，直接给孩子以明确的指点，让他懂得该怎样、不该怎样，从而规范孩子的行为。

明白说教虽然是一种重要的教育手段，但是，因为这种教育影响是直接的、外在的，只采用这一手段，会使孩子觉得父母总是管制自己，唠叨起来没完，逐渐产生一种逆反心理，大大影响了教育效果。

其实，父母除了明说外，还可以巧妙地运用暗示教育法，开启、感染孩子。"暗示教育法"就是用动作、表情等间接、含蓄的方式使孩子不自觉地接受某种意见或做某事的教育方法。

教育家苏霍姆林斯基说："任何一种教育现象，孩子在其中越少感觉到教育者的意图，他的教育效果越大。"所以，很多父母在教育孩子时，不应用那些让人不愉快的"要求、命令、必须"等词汇，而应通过"启发、暗示、商量"等形式来进行。暗示，是无声的教育，是"润物细无声"的教育。

父母在教育孩子时，应灵活运用下面几种暗示：

眼神暗示。眼神是一种无声的语言，比语言能更细腻清晰地表达感情。眼神暗示就是用眼睛把要说的话表达出来，孩子觉察以后会依据家长的意图去行事。例如，家里来了客人，家长看看孩子，再看看茶杯，孩子会领会家长的用意，"主动"给客人倒茶。

表情暗示。表情比眼神表现得更明确，人的表情能传达多种信息，比如肯定、可以、不能、不该等，使暗示对象作出反应。孩子做了好事，你对他赞许地点点头；孩子经过努力，解开了一道题，你对他会心地笑笑，都是最好的激励。例如，家里来了客人，孩子高兴得忘乎所以，发起了"人来疯"。他一会儿大笑，一会儿尖叫，对爸爸的眼神也视而不见。于是爸爸猛地皱起了眉头，这下，孩子总算看到了，声音也降低了不少。爸爸的表情暗示发挥了效力。

动作暗示。动作暗示就是用体态语言把自己的想法表露出来，从而教育孩子。比如，父母辅导孩子做作业时，发现孩子坐姿不正，可以面对孩子做几个挺胸的动作，让孩子接受这种暗示，他就会调整坐姿。再如，晚上9点多了，孩子还坐在电视机前。妈妈可以一言不发，站起来把孩子床上的被子铺开，以无声的语言提醒孩子，孩子会马上去睡觉。

情境暗示。有位班主任的班上涌现了一批"追星族"，学生们本子上摘抄的是明星的生肖属相，课间谈论的是明星的性格爱好。为了改变这种状况，聪明的班主任买来祖冲之、毛泽东、周恩来、爱因斯坦等古今中外名人画像挂在教室里，书写名人名言贴在墙壁上，黑板报上也增添了名人惜时勤学的内容，还围绕名人开展讲故事、诗朗诵等活动。"追星热"终于降了温，取而代之的是同学们以名人为榜样，比学习比进步。这一情景暗示的方法很值得家长借鉴。不同的情境能使人产生不同的心境，情境对孩子具有微妙的暗示作用。父母要善于营造优美的家庭环境，使孩子高尚的情操和良好的习惯在优美的情境中潜移默化地得以塑造。

人物暗示。即家长利用自身的示范作用或权威人士的榜样作用来间接地影响教育孩子。例如，教导孩子不以强凌弱，与同伴友好相处，父母首先要保证不打骂孩子。

活动暗示。就是让孩子参与活动，在实际活动中受到熏陶和教育。孩子精力旺盛，好动，喜欢做事，父母可利用孩子的这种特性，多分配他们一些"任务"，使他们在完成"任务"的过程中受到教育。例如，爷爷行动不便，可以让孩子帮着端端饭；妈妈病了，帮着倒水拿药；邻居买了东西，帮着拿回家等。

认知暗示。即通过一定渠道让孩子自我反省、自我评价、自我认识。例如，佳佳有许多不良习惯：乱花钱、上课迟到、拖交作业，爸爸没有直接批评她，而是要求她给自己远方的好朋友们写一封信，告诉他们自己开学以来养成了哪些好习惯、近期有什么打算。从此以后，佳佳果真克服了不少不良习惯，学习也有了明显进步。这种意想不到的效果就在于孩子在写信过程中进行了自我反省、自我认识，避免了心理对抗和厌烦。父母应抓住孩子的思想状况，利用积极的认知暗示，促进其良好习惯的养成。

总之，暗示法能够起到尊重孩子、潜移默化、自然而然地施以有效影响的作用。为了使暗示教育法收到更好的效果，家长可以巧妙地将上述几种暗示方式综合运用。

3. 重身教，做榜样

有位父亲每天早晨都要到酒馆里喝上一杯酒，这已经成为他的一种习惯。一个大雪纷飞的早晨，他照例径直走向酒馆。没有走多远，就感觉有人跟在他的后面，他转过身发现不满7岁的儿子正踩着他留在雪地上的脚印，并且兴奋地说："爸爸，您看，我正踩着你的脚印！"

儿子的话使他心头一震："我要到酒馆喝酒，儿子竟然在跟随我的脚印！"他掉头回到家里，从那以后，他戒掉了每天早晨喝酒的坏习惯。

家庭，是人生的第一课堂，是孩子生长的摇篮。孩子在这里生活、成长，习惯在这里养成；情感、是非、好坏、善恶和信念，在这里奠定。家庭最初及持续灌输的是非观念、善恶标准、为人原则和习惯养成等将影响孩子的一生。

身教胜于言教。高喊一千遍口号，不如以身作则的一个具体的行动。

曾经当选南京"十佳家长"的艾莉的身教让人叹服。她说，有一次她带孩子去游泳。游完后，发现自己的皮凉鞋不见了。孩子天真地说：妈妈，别人把您的凉鞋穿走了，您就穿别人的鞋吧。艾莉觉得这是个教育孩子的好机会。她硬是光着脚，带孩子走回家，脚也磨破了。艾莉说，我就是要用自己的行动告诉孩子一个道理：不能损人利己。做家长的一定要给孩子树好榜样，要求孩子做到的，自己必须做到。

有怎样的父母，就会有怎样的孩子，因为孩子"正踩着你的脚印"向前走。俗话说："喊破嗓子，不如做出样子。"榜样的力量是无穷的。父母是孩子的第一任教师，是孩子效仿的最直接榜样。

家长要孩子好学，首先得自己勤于学习，给孩子创造好的学习环境。千万不要在家里设个麻将桌，每天邀很多人打麻将；在家里设酒席，又是划拳，又是大声喧哗，每天家里乱糟糟的；在家里看电视、打游戏等。你不让孩子看电视，你自己却在看电视；你不让孩子打游戏，你自己却在打游戏，孩子怎么会听你的话，尊重你呢？有位父亲和孩子一起学习英语，按说这位父亲学英语也没有什么太大的用途了，但为了给孩子做表率，他坚持每天和孩子一起学习。正如家教专家王金宪总结的一句话："家长好好学习，孩子天天向上。"

家长的行为对孩子的影响非常大，甚至会影响终生。因此，家长要在各方面做孩子的表率。家长要孝顺长辈，尊老爱幼，夫妻和睦，对人、对社会有爱心。家长如果不孝顺自己的父母，孩子就不可能长大后对你孝顺；如果夫妻之间整天吵吵闹闹，会在孩子的心灵上造成极坏的影响，他可能惧怕婚姻，即使结婚这个阴影也会长期伴随他。

父母用什么样的语气和孩子说话，孩子就会用什么样的语气来回答父母。如果你说话难听刻薄，他就刻薄；你和风细雨，他就慢声慢语；你礼貌有加，他就会文质彬彬。

人们常说："你希望别人怎样对待你，你就怎样对待别人。"在家庭教育方面，"你希望孩子成为什么样的人，你就努力做一个什么样的人"！

总之，父母要用自己的真实行动，用自己的努力学习，用自己的勤劳贤惠，用自己的与人为善，用自己的毅力，用自己的坚强，用自己的敬业，用自己的博爱，用自己的成功，用自己的优秀给孩子做出表率和榜样，用身体力行的付出影响孩子，用"此时无声胜有声"的无穷的力量激励孩子，比用苍白说教的效果要好出千百倍。

4. 父母吵架，孩子最受伤

让人非常遗憾的是，现实中很多父母，以夫妻吵架的方式对孩子进行负面影响极大的"言传身教"。

一项调查显示，父母经常吵架的孩子比离异家庭孩子的心理问题更多。

专家直言：让孩子生活得有安全感是为人父母最起码的责任，大人不要认为感情只是两个人的事，夫妻相互攻击、谩骂，对孩子心理造成的负面影响将终生难以弥补。

该项调查涉及哈尔滨市 855 名初、高中生。统计分析结果表明，父母经常吵架家庭孩子的心理问题检出率为 31.68%，离婚家庭的为 30.30%，和睦家庭的为 18.88%。

父母的争吵对孩子有以下几个直接的伤害：

给孩子提供了一个攻击性行为的坏榜样。心理学研究者认为，攻击性行为的成因之一是由于学习，也就是模仿。其模仿的来源包括：暴力电视、父母及教养者的行为、同伴的行为等。夫妻吵架过程中，不是仅有合理的争论，有时还会由于冲动脱口而出许多刻薄的话，粗话乃至脏话也间或有之，有的夫妻甚至还大打出手。孩子的模仿能力非常强，父母吵架时的神态、姿势、语气语调、用语他们都有可能学到。日后小孩子在游戏时，就对着洋娃娃嫩声嫩气地骂，狠狠地打，或者对小朋友说粗话、脏话。

使孩子误以为吵架、谩骂乃至打架都是解决冲突的办法。在人际交往中，出现不同意见或者冲突是正常的，问题在于如何解决社交中的冲突。在小学低年级儿童写给"知心姐姐"的信中，有相当一部分是诉说人际关系方面的苦恼。幼儿园中小朋友的社交技能即出现了很大差异，他们也开始对人际关系敏感起来：小朋友为什么不跟我玩？有的幼儿只会采用强制性手段来解决问题，达不到目的就搞破坏、捣乱，进行报复，结果小朋友们更不理他。社交技能不是天生的，需要在日常生活中加以训练。夫妻之间出现了意见分歧，就吵架或者打架，往往使孩子误以为吵架、打架是解决问题的好办法，不知道应该克制自己的怒气，不会采用其他的、真正有效的办法解决冲突。

使孩子的情绪受到强烈的冲击，产生恐惧、悲伤、无助感等消极情绪。夫妻吵架时往往吵得脸红脖子粗，用高八度的嗓门大喊大叫，常常把孩子吓得不知所措。夫妻俩吵得激烈的时候，对孩子的哭喊也充耳不闻。孩子不由得以为爸妈不要自己了，倍感伤心和无助；而看到自己认为最亲密的人之间也针锋相对，孩子会感到自己认为最安全的避风港也不复存在，内心涌起深深的恐惧。

使孩子的性格、行为出现扭曲。心理学的研究表明，长期生活在不和睦的家庭中，除了攻击性显著增强以外，孩子的性格、行为发展都会出现扭曲，变得感情冷漠，对他人缺乏信任，为人刻薄、爱挑剔、脾气暴躁，或者性格内向、压抑、容易退缩，对外界事物丧失兴趣。这样长大的孩子，容易走入歧途。

再好的夫妻，也难免吵架，但吵完架后，千万别忘记安慰一下受到惊吓的孩子。

首先，夫妻俩应该当着孩子的面和好，明确无误地向孩子表明，吵架的事情已经过去，爸爸妈妈不再吵架了。

其次，鼓励孩子把当时的感受说出来，再有针对性地加以宽慰解释。比如孩子说害怕，要弄明白具体怕的是什么，是父母当时的高声喊叫，还是怕父母不要自己了。然后向孩子解释，说爸爸妈妈当时是一时冲动，没有控制自己等。孩子尽管对这些解释有点似懂非懂，但是看到爸爸妈妈平心静气地讲话，自然也会平静许多。时间久了，只要父母一直不再吵架，孩子就会把父母吵架的事情渐渐淡忘。

还有，应注意孩子有没有模仿父母吵架的情形。孩子可能是无意的模仿，告诉孩子这不是好孩子应该做的就可以。有的孩子会说："爸爸那天就这么说的！"家长不要一句"大人能说，小孩子不能说"把孩子堵回去，应该承认，那天爸爸这么说也不对。

孩子的心灵是纯结美好的，他们需要成人的精心呵护。要使孩子身心健康的发展，必须有一个和谐的家庭环境，父母间即使有矛盾冲突也应避开孩子冷静处理，以免孩子受到不良的刺激，在孩子幼小的心灵上蒙上阴影，更不能把孩子作为自己与对方较量的筹码或攻击对方的工具，让不懂事的孩子卷入大人的是是非非之中。

如果夫妻双方的关系的确难以调和，也应该尽量为孩子着想，理智地对待冲突，尽量对孩子解释清楚，向孩子保证不会不管他。不能利用孩子年幼，对孩子历数另一方的不是，把恨和报复的种子撒进孩子幼小的心灵。当然，也不能因觉得对不起孩子而溺爱孩子。

第 7 讲

摸清孩子的气质说对话

对孩子说话，与其说得好，不如说得对。父母要说得对，就要懂得"看碟下菜，看人说话"的艺术。每个孩子都是独一无二的，都有其独特的脾性和气质。父母只有摸清孩子的脾性特点和气质特征，才能因人说话，有的放矢地对孩子施以引导，把每一句话都说到孩子心里去。

1. 你的孩子属于哪种气质类型

世界上没有完全相同的树叶，也没有完全相同的孩子。除了身体发育不同及智能高低的差异之外，孩子出生时还有一些特性，例如，有的孩子饿了哭一两声就算了，有的孩子就哇哇直叫，没完没了；有的孩子看见陌生人会兴奋地去亲近探究，有的孩子则远远躲在一旁观察，不敢接近。这些都和孩子与生俱来的气质有关。

气质是一个古老的概念，在日常生活中一般指脾气、性情、脾性等。教育学上有一个基本的原则，叫"因材施教"，其中重要的一点，就是要针对孩子的气质特征，对其施以引导和教育。家长要把话说到孩子的心里去，就必须摸清孩子的气质特征，巧施话术。

气质是人的典型的、稳定的特点。通常在心理学上把气质分为四种类型：胆汁质、多血质、黏液质、抑郁质。

胆汁质，特点是：易兴奋，不受约束，容易激怒，故又叫"兴奋型"。在古典小说中，张飞、史湘云是胆汁质类型，脾气急躁，容易冲动。

多血质，特点是：反应灵敏，外表活泼，能很快适应迅速变化的外界环境，故也叫"活泼型"。如古典小说中的燕青、王熙凤属于这类气质，活泼好动，兴趣广泛，善于待人接物。

粘液质，特点是：坚韧而行动迟缓，比较安稳，故又称为"安静型"。如古典小说中的林冲、薛宝钗，能忍耐，较保守，善坚持。

抑郁质，特点是：胆小，善感，比较孤僻，心很细，又叫"抑郁型"。如古典小说中的林黛玉，心细如发，多愁善感。

孩子的气质类型无好坏之分，任何类型的气质都有积极的一面，也有消极的一面。如胆汁质的孩子，热情好动、生气勃勃，但容易粗暴、发脾气，缺少忍耐；多血质的孩子活泼、亲切主动，但可能轻率、肤浅、冲动；黏液质的孩子表现恬静、沉着而稳重，但可能迟钝、萎靡不振；抑郁质的孩子感情深刻而稳定，但表现孤僻、羞怯、郁闷。因此，每一种气质都可能向某种积极或消极的方面发展。

气质类型不能决定一个孩子将来的成就高低。许多家长总以为多血质、胆汁质的孩子将来成就大，反之，抑郁质、黏液质的孩子没有出息。伟大的诗仙李白具有较明显的胆汁质，诗圣杜甫具有较明显的抑郁质特征，而二者都是伟大的诗人。

孩子出生后，就有了明显的气质特征，但具有典型气质特征的孩子很少，大多数孩子基本上是以某种气质为主，同时又兼具其他气质类型的某些特点。此外，虽然气质具有很大的稳定性，但在社会生活中，在后天的教育影响下，孩子的气质是可以改变的。父母要注意区别自己的孩子属于哪种气质类型，有针对性地进行教育引导，注意改造自身气质的消极方面，把孩子塑造得更完美一些。

孩子气质类型除了通常的"四分法"外，近年来又有心理学家提出"五分法"。

斯坦利·L·格林斯潘是著名的儿童精神病医师，也是《具有挑战性的孩子》一书的作者，他从有关儿童发展的经典研究中，发现在孩子们身上主要表现出五种不同的气质类型：

高度敏感的孩子

这种类型的孩子与大多数孩子相比，对世界上的一切事物会更热心、更好奇，可能会使父母产生如履薄冰的感觉。这些孩子相当的苛刻、难以满足，而且性情急躁、抗拒变化。对于这种类型的孩子最好的养育方法是设定清楚明了的行为限制，与此同时还要投入全部感情，努力去理解他们、鼓励他们的自发性。如果教育适当，这些孩子会具有非凡的创造性、洞察力以及同情心。

沉湎于自我想法的孩子

这类孩子给人的第一印象是比较讨人喜欢的，因为他们的要求很少，喜欢独处。但实际上这类孩子不会很快适应环境变化，也不容易变得活泼。因此父母的养育目标就是与孩子建立密切的联系，培养他们的社会交往技能，这样，他们在社会群体中才会感到愉快放松。

反抗叛逆的孩子

你的孩子是否会表现得非常固执、消极、控制欲强，而且明显地喜欢说不呢？他是否甚至会把最简单的活动都演变成一个麻烦呢？反叛型的孩子会令父母感到疲惫不堪。如果你能保持冷静，为孩子设定行为规范，观察孩子的情绪变化，并且试着去和孩子协商沟通，那么家教会变得容易很多。

漫不经心的孩子

"这已经是第三次了！""难道你没有听到吗？"这种类型的孩子在"理解、融入"这个世界时有点困难。因此父母的养育目标是帮助孩子集中注意力，帮助孩子去做决定，增强孩子的自我关注能力以及提高他们的敏感性。

活泼好动或攻击挑衅的孩子

这类孩子往往会被看成是"具有号召力的人物"，但是格林斯潘指出如果父母能不断地用严格的行为限制来规范孩子的行为，那么他们可能会被"驯服"，你就可以培养出温顺热情的孩子。如果你能教给他们情绪调节以及放松的方法，那么他们就会更好地去应对生活中出现的问题。

格林斯潘也认为：每种气质类型都有其各自的长处，父母如果能提升自己的洞察力，发挥孩子的天赋特长，那么即使是最顽劣的孩子也可以在父母的帮助下得到改善。其中的关键就在于要善于把那些挑战转化为机会。

2. 把握孩子气质类型的 9 个维度

美国纽约大学的儿童发育专家对儿童气质进行了长期研究后，把儿童气质归纳为 9 个维度。父母要准确把握孩子的气质特征，可从了解这 9 个维度入手：

维度 1：活动水平

指孩子在日常生活中的活动量。活动量大的孩子显得较有朝气，有探索性，但有时会因好动而影响既定任务的完成，或在活动中干扰他人。活动量小的孩子安静，做事较细心，有耐性，但往往显得办事速度较慢、效率低。

维度 2：节律性

指饮食、大便、睡眠等生物功能的节律性。节律性强的孩子，各项生物功能都比较"准时"，容易抚养，但显得刻板，若生活环境有所变化，易出现适应困难。节律性弱的孩子，吃饭、睡觉等时间不规律，日常抚养中可能给家长带来麻烦，但不易产生适应困难。

维度 3：趋避性

指孩子面对新事物或陌生人最初的反应是接近，还是退缩。易接近的孩子，愿意接受新事物，见人"自来熟"，但也会因此容易受不良事物或人的负面影响。退缩的孩子对新事物易回避，怕生，但受不良影响的可能性也相应较小。

维度 4 ：适应性

指孩子是否容易适应新环境（包括人、场景和食物等）。适应性强的孩子能很快适应新环境，或是新添加的食物，这种情况多数是值得鼓励的。适应性弱的孩子在适应新环境的过程中易出现问题，如换个地方不能睡觉，见到陌生人就显得焦虑不安等，但度过了适应期也能做得很好。

维度 5 ：反应强度

指情绪反应的强度。反应强度大的孩子经常大哭或大笑，易吸引家长和老师的注意，得到更多的关注，但也会因为大声哭闹而令人烦恼。反应强度弱的孩子比较安静，不善表达自己的需要和感受，在抚养时比较省心，但由于不能充分表达自我而易被忽视，得不到应有的关注。

维度 6 ：情绪本质

指孩子平日主要的情绪表现，是积极（愉快、友好）还是消极（不愉快、不友好）。情绪积极的孩子总是讨人喜欢，这种情况多数是值得鼓励的，但有时也会因为过于乐观而出现麻烦。情绪消极的孩子，会让人感到不快，令大人担忧，但实际上他们内心同样渴望快乐和友好。

维度 7 ：坚持性

指做事情的坚持程度。坚持性高的孩子，有固执、任性的一面，也有遇到困难锲而不舍的精神，能较好地完成任务。坚持性低的孩子，遇到挫折容易放弃，也容易听从家长的劝告，放弃不应坚持的事情。

维度 8 ：注意分散度

指做某件事情时周围环境对孩子注意力的分散程度。注意力易分散的孩子能较快注意到周围事情，在婴儿期显得容易安抚，但进入学龄期后会影响学习成绩。注意力集中的孩子做事效率高，但过于专注一件事容易忽视周围的人和事物，在婴幼儿期显得难哄。

维度9：反应阈

指孩子是否敏感。可以表现为对声、光、温度、气味等生理感知的敏感性，也可以表现为对他人态度的变化等心理感知的敏感性。反应阈低的孩子较为敏感，这些孩子的音乐感和色彩感很强，善于察觉，能发现细微的变化，但容易出现如睡眠障碍、胆小等问题。反应阈高的孩子相对不敏感，不怕痛，不在乎噪音，胆子大等，但也可能因此忽略很多变化或遗漏有用的信息，如危险信号等。

以上9个维度纵横交错，构成了每个孩子独特的气质特点。真正细致的因材施教，应该根据孩子气质的各个维度的特点，采取适当的教养方式和说话方式。

活动水平：对于活动水平高的孩子，家长可以经常安排运动量较大的活动，多给他与外界接触的机会，但也应要求他在特定的时刻保持暂时的安静。对于活动水平低的孩子，家长要赋予更多的耐心，不要因为他行动缓慢而加以指责，更不要代替他做事情，要适量地增加他的运动量，多带他到户外活动。

节律性：对于节律性强的孩子，不必刻板地按照他的规律安排生活，可以偶尔打破规律，使他能适应生活的变化，例如经常带孩子外出，适当改变他吃饭和睡觉的时间、地点。对于节律性弱的孩子，从婴儿期起就要开始给他建立适当的生活规律，如在该吃饭的时候准时吃饭，该睡觉的时候必须睡觉，前后相差不应大于半小时。

趋避性：对于易接近的孩子，要尽早教导他明辨是非，加强安全意识教育。对于退缩的孩子，不要强迫他接受陌生人或新事物，要耐心引导，例如提前告诉孩子即将面临的事情，这些事情会带来什么好处。多为孩子创造接触新事物和人的机会，鼓励孩子接近新事物，例如有没吃过的食物，可鼓励他先尝一点。

适应性：对于适应性弱的孩子，要经常带他到没有去过的地方，让孩子适应新的场景；添加一种新的食物，要由少量开始，反复多次尝试，直到孩子完全适应。

反应强度：对于反应强烈的孩子，在他吵闹的时候，家长不要急于表态。他强烈的情绪反应也许只因一件小事或干脆是无理取闹，弄清楚原因后，耐心等待孩子情绪爆发过去；同时暗中留意孩子的安全以免发生意外，等他安静后再以平静的语气表明态度，讲清道理。反应强度弱的孩子强烈的渴望和兴趣的表现可能是微弱的，家长要鼓励这类孩子以恰当的方法表达自己的感受和要求，少用否定的语言拒绝孩子，多用肯定的语言鼓励孩子。

情绪本质：积极愉快的情绪往往是值得鼓励的。但是，对于情绪积极的孩子，要指导他作出适当的评价，避免对危险或不良的事物也作出过于"积极"的判断。对于情绪消极的孩子，要避免指责，了解他表达情感的方式（例如以什么样的方式表达同意或真正的不高兴），采取适当的方式鼓励孩子的积极情绪，例如孩子高兴时要尽量延长这种态度，亲子间的逗笑是最有效的方式。大人也要在孩子面前多表现出积极的情绪和乐观的态度。

坚持性：对于坚持性高的孩子，家长一定要把握原则，如果所坚持的事情是不合理的，一定要说服他放弃。对于坚持性低的孩子，应该完成的任务，家长一定要坚持让他按既定要求完成，在完成过程中可以暂时休息，但休息后一定要继续进行直至完成，并可逐渐提高要求，同时给予鼓励。

注意分散度：对于注意力易分散的孩子，应加强他对注意内容的兴趣，内容的难度不要过高，多给孩子进行短时间的注意力训练，逐渐提高集中注意力的时间。对于注意力集中的孩子，要多提醒他不要在做一件事情时忽略了其他事情，如果孩子在看书或是游戏时不理妈妈的叫唤，不要急着指责孩子，因为孩子可能真的把注意力都集中到书或游戏上了。

反应阈：对于敏感的孩子，要避免突然的刺激（如大声、强光），在感觉上家长不要太主观，应以孩子的感受为标准，并逐渐训练孩子对感觉的耐受性。如果孩子音乐感和色彩感强，应该多给他听节奏优美的音乐，多看绘画作品。对于不敏感的孩子，家长则应经常弥补孩子的遗漏之处，如抓住时机给他讲安全知识和社会规范等。

一些不了解孩子气质的家长，常常以自己的喜好来塑造孩子，说话时一厢情愿，强迫命令，最后却落得个孩子伤心逆反、家长烦恼"上火"。家长若能够及早了解孩子的气质特点，就能够巧施话术，积极地引导其解决在学习、生活上遇到的问题，逐渐发展出一种最适合孩子气质特点的教育方式，避免因为孩子气质和父母期望、教育方式间的不协调而产生各种冲突。

3. 软言细语引导
脾气暴躁的孩子

气质以胆汁质为主的孩子性情暴躁，易激怒，好发火，易形成粗犷、冒失等不良品质。孩子暴躁易怒，既伤害他人，又伤害自己。

其实，每个人都会有愤怒、急躁、发脾气的时候，只有能够理智地克制和处理自己脾气和愤怒的人，才是真正的有修养、有智慧，容易走上成功之路的人。父母千万不要忽视孩子易怒的问题。

父母一定要理解和关怀脾气暴躁的孩子，用娓娓的细语将关爱送入孩子的心房，用绵绵的真情化解孩子心中的愤怒情绪。

首先，父母要相信孩子的暴躁脾气是可以改善的。

你和孩子都要相信脾气是能改好的。也许你觉得孩子天生脾气暴躁，但是天生的东西也不是变不了的。古人说的是本性"难移"，但不是"不能移"。孔子有个叫子路的学生，原来也是火暴脾气，但后来却成了一个谦谦君子。如果你设法使孩子一次又一次地避免了发脾气，他以后发脾气的概率就会减少。

其次，引导孩子学会克制。

民族英雄林则徐，为了克制自己的急躁情绪，在书房里挂了一条横幅，写了两个遒劲的大字"制怒"。你不一定给孩子挂匾，但可以给他写座右铭或请旁人提醒，在怒火即将燃烧时就扑灭它。你也可以告诉孩子在快发火时，默念十几遍"镇静"，不镇静下来就不开口说话。还可以让孩子想象自己正在冰凉的湖水中游泳，这叫"以水克火"。

再次，建议孩子学会从生气中转移。

如果什么人或什么事让你的孩子大发脾气，那你可以建议他离开这个人和这个地方。"眼不见，心不烦"，离开以后，怒火没有了燃料，也自然就慢慢消失了。干点别的事，做些体力活动，找别人聊聊天，痛痛快快地玩玩游戏，都是从生气中转移的好办法。其实，就算孩子人不离开，思想也可以转移开。例如在学校和别人争论得不痛快了，不能离开学校回家，但孩子却可以把话题扯开，不再谈这件事。

最后，引导孩子学会宽容谅解。

这是最彻底的改善孩子暴躁脾气的办法。孩子看事情往往只从自己的角度出发，因此需要一种练习，就是猜猜对方怎么想。父母可以这样劝导孩子：与人争论时可能会生气地想，为什么对方这么固执，不承认你的道理；但如果你想想，对方当时不也同样觉得你特别固执吗？对方不也同样觉得他自己很有道理吗？如果你发现某个人和你说话时态度不太好，你要想到或许他今天正巧有不顺心的事情，何必和他计较，反惹得自己不痛快呢？也许别人在某件小事上损害了你的利益，你也可以想想，这件事真的那么重要吗？也许在事后看来，它根本算不了什么。就好比小时觉得非常珍贵的糖纸，长大了你可能觉得它不值分文。如果你把许多东西都看成糖纸，你就会发现为此生气真是不值得。

要特别提醒的是：在孩子发脾气的时候，父母千万要保持冷静。发火的父母会使孩子更加发火。记住，你面对的只是一个孩子——你自己的孩子，而不是要来抓你的"大妖怪"。你可以发泄怒气，但是不要针对自己的孩子，毕竟孩子的自我控制能力较差。和蔼温柔地跟发脾气的孩子说话，对他安静下来大有好处。如果孩子在叫嚷，父母要注意简化自己的用语，而且平静地和孩子说话。你可以忽然提出一件新鲜事，要孩子和你一块儿去干，他就会忘记发脾气的事；你也可以在孩子耳边轻声说些有趣的事，或者开始说故事，孩子很可能会为了听故事而停止哭闹。不要在孩子发脾气的时候和他理论，他一定听不进去，等事情过去了，他有一个好心情时，再和他谈谈，效果会很好。

4. 多鼓励和赞扬活泼型孩子

气质以多血质为主的孩子，反应灵敏，外表活泼，又叫"活泼型"。活泼型孩子就是享受乐趣和使人高兴。他们幽默而喋喋不休、能言善辩且异常活跃，他们积极与人交往，朋友很多。这些孩子充满了奇思妙想，但难以集中注意力，所以常常是想了不做或半途而废。

活泼型孩子往往很冲动，做事凭感觉，做了再考虑。他们诚心诚意地信任别人、爱别人，但往往得不到同样的回报，而他们对爱、认可和被接纳看得又极其重要，因此，他们很伤感，易屈从于同伴的压力，当朋友背叛他们时，他们会将爱转化为极度的愤怒。因他们善于情绪化，所以较易从失望中挣脱出来，能从坏事情中发现好的一面；他们爱听好话，喜用动作表达内心的情感，所以常见他们拥抱或亲昵地拍打别人。

家长对活泼型孩子说话，要多一些鼓励和赞扬，少一些批评，多提出一些具体的要求和规范。

多给活泼型孩子一些空间与时间，让他充分展示自己的才华，家长要积极参与其中，并给予语言的赞美（要描述性的语言）或肢体的示爱，从而培养其自信心。

家长应该支持活泼型孩子结交朋友，但要注意他交什么样的朋友，所谓"近朱者赤，近墨者黑"，不然他容易被带坏——因为他意志力不够坚定。

当活泼型孩子有积极行为和想法时，要及时帮他写下来，督促他把语言变为行动，这才有利于他的发展。督促中不可用强制或批评方法，而要用激励和引导，因为活泼型孩子对批评特别敏感，你越批评他越失去信心和乐趣，而鼓励和赞扬却能唤起他的潜能。你要及时而不吝惜地给活泼型孩子以奖励和肯定，因为他的动力来自激情与乐趣。

父母有责任培养活泼型孩子的自律性，尤其在使用金钱方面，同时要让他了解责任心、细心、坚强的重要性，只有这样，孩子才不会变成花花公子和一事无成的人。

　　注意的是，活泼型孩子需要乐趣与被接纳和认可，所有教子方法都要适从他的心理需求，这样才更有效。但是，千万不要放任他，要多给他提出一些具体要求和规范。否则，没有了判断是非的标准，他连违法乱纪都认为是好玩的事儿。

5. 和内向孩子说话时应注意的

　　气质以黏液质或抑郁质为主的孩子，一般显得比较内向，其特点是：有强烈的责任心，谦虚谨慎，感情细腻，善解人意，深沉而拘谨。缺点是：过分认真，容易钻牛角尖；过分严肃，缺乏魄力和情趣。内向的孩子一般都比较乖，在学校里也是老师最喜欢的那类孩子。这类孩子情绪比较稳定，谦虚，腼腆，不多话，也不多事，会严格按照家长和老师的指令去做。

　　如果你的孩子很内向，跟他说话时应注意以下几点：

　　不要高声、瞪眼。大声说话很容易让内向的孩子感觉到是在挨批评，他脸皮很薄，也许你瞪他一眼他就会哭。如果你用高声愤怒的语调对待他，他立刻不说话了，或者继续哭自己的，把自己封闭，不再理会你。如果是青春期的孩子，当大人用高声愤怒的语调说话时，他会立刻关闭房门，可以好多天不再跟父母说话，而且以后有类似问题出现时，也绝不再有探讨的余地。他会默默地坚持自己的主张，除非你能立刻说到他的心坎上，他才能打开心扉，否则他可以长久缄默无语。

　　表扬突出细节。对外向的孩子，家长可以当着众人的面去描述其长处，这样的孩子本来就以为自己是最棒的；对内向的孩子的表扬应该是温和的，不要大张旗鼓，因为他很害羞，脸皮很薄。还有更重要的一点，如果能够抓住某一细节表扬，那是内向的孩子最喜欢的，因为他很关注细节，所以他特别希望你能看到其漂亮的细节。

　　不要提过高的要求。内向的孩子追求完美，过于注重细节，对自己要求很高、很严格。这样的孩子本来就是一个活得很累的人，父母再对他高标准要求会加重他们的累。累过头了，就会形成焦虑。很多内向的孩子为达不到自己的标准而自责，为达不到父母的要求而伤心，为考不到好成绩而焦虑。对于内向孩子的敏感、细腻，父母就应当粗线条地对待，让他多去看看周围的人，多看看外面的大世界，尽量别给他钻牛角尖的机会，以免他们会更加敏感、更加细腻、更加较真儿。

不要追问过多的问题。对一个内向的孩子提出很多问题，会使他更加紧张而语无伦次。因为他得对每一个问题考虑过后，才会开口回答。试着跟孩子聊聊你一天的生活，如果你也常常卡壳，那么他就会比较自信，并且乐意与你交流了。

不要催促内向的孩子做决定。内向的孩子是被动型的，他的节奏会稍慢一点儿，所以他要想做决定，一定是想清楚了、想完整了、想得完美了他才会说出来。在帮助他解决问题的过程中，不管你多着急，不管你说了什么，也不管你说了多长时间，如果没有真正说服他，他是不会做决定的，他的"拧劲儿"也表现于此。所以你最好不要老催他，因为催他也没有用，他不会配合。

不要打断孩子的话。内向型性格的孩子总是出言谨慎，他在经过深思熟虑之后才会开口表达。因此，作为父母要尊重孩子的语言习惯，不要轻易打断他的话。

6. 耐心开导固执的孩子

固执的孩子常常会让父母在教育上花费更多的精力。事物总有消极和积极两个方面，只要教育得当，固执的孩子也许将来会更有成就。

圆圆妈妈说，儿子天生就是个顽固分子。睡在襁褓里的时候，永远把头拧向右侧；开始吃饭了，他坚决抵制吃米粒状的食物；拉便便时，如果不把内裤外裤脱了就坚决不往马桶上坐；即使再冷，也别想把帽子给他戴上；上了幼儿园，老师也总向她感叹：圆圆怎么一点也不像他的名字，真是个说一不二的孩子……总之，圆圆打一出生，似乎就是个没人能强迫得了他的孩子。

很多父母会认为，孩子固执一定是自己在家教方面出了什么问题造成的，但是研究发现，固执是天性使然。其实固执也有其积极的方面，譬如固执的孩子通常比较有主见，他们不会随波逐流，无论身边的人多强大、多成熟，都不能对他们产生威胁；其次，个性固执的孩子往往比较专注，这对于他以后的学业很有益处，他们会在更短的时间里掌握一门技术工种；其三是这种性格如果能与耐力配合的话，通常做事情成功的概率会比较高。

当然，要达到美妙前景的路程并不平坦，需要父母用更多的耐心和适宜的方法去引导。

对于孩子固执的要求，很多家长经常刻意地去"堵"，结果是越堵越固执。与其堵不住，还不如像"大禹治水"，耐心有技巧地去引导。

在和固执孩子的相处过程中，家长不应该和孩子较真，不能带着"我要压倒孩子"的控制欲来逼迫孩子，而是要学会和孩子谈判，给孩子更多地尊重和宽松，从中柔和地实现自己的目的。千万不要试图与他硬碰硬，否则，将造成难以收场的局面。

有位聪明的妈妈是这样开导有些固执的儿子的：

孩子看到别人的东西就羡慕，总是感觉他们的要比自己的好，攀比心理也是孩子的正常心理吧。儿子刚刚买了一支自动铅笔，喜欢得不得了。刚过一天，他突然说："妈妈，我们班的同学买了一支自动笔，又好看又好用。我们班同学都说好，都要去买。"这个要求有点过分，刚买了新的，再买一个太浪费了，不能让他养成见好就买的坏习惯。

　　于是妈妈说："不行，你已经有了一支了。"

　　"我知道，但是我的不好看，而且铅总是断，颜色也太浅。要不我考试得第一，你奖给我一支，或者把我的零花钱拿出来买一支。"儿子眼巴巴地看她说。

　　先找借口，然后孩子开始想办法实现自己的愿望。孩子的条件放在平时我会答应的，考试好了，可以奖励，用自己的零花钱买学习用品我也是不反对的。但是今天的事情不同，因为他已经刚买过一支了。儿子的语气带着恳求和迫切，答应不行，不答应又让他感觉我们大人说话不算数。怎么办呢？堵不住了，引导吧。

　　"我想了一个好办法，你喜欢同学的，那么你同学肯定也想用用你的铅笔，换换感觉多新鲜。你可以明天到教室和他交换使用，你可以和他商量，交换三天或者一周，但是必须给对方保护好。如果出现损害，对方无条件赔偿。如果对方不同意，那也别怨恨，说明你和同学关系不够和谐。"

　　"太好了，这个办法好。"儿子很爽快地同意了，我也舒了一口气，感觉引导比较成功。

　　第二天放学后，儿子哼着小曲回来了，不用说，交换成功了。他拿出同学的铅笔，显摆人家的好在哪里，还得意地说同学很想和他换着用。他们商量好了，交换一个星期。可是只过了三天，两人就换回来了，我问原因。儿子说同学的自动笔不如自己的好用，所以提前归还了。我在暗地里偷笑，呵呵，不用别人的，怎么知道自己的就是最好的。

　　真没想到，这件事就这样简单解决了，而且效果很好。事后孩子知道不能随便想做什么就做什么。很多时候有些羡慕是多余的，还明白了和同学如何商量处理事情，更学会了控制自己。

孩子固执，坚持自己的观点或执意做一件事情，对此，家长不要急于去"堵"，如果耐心开导，效果会事半功倍，何乐而不为呢？在开导固执的孩子时应注意如下要点：

多听听孩子的意见。 很多时候，倾听是一种非常有效的手段，对于固执己见的孩子来说，在那些与他有关的事情上，多听他的意见，是让父母、孩子都感到轻松的一种方法。父母需要掌握一个原则，只要不危及安全、不伤害他人、不妨碍孩子自尊的事情就让孩子自己去选择。譬如他想与小伙伴一起玩足球，就不要要求他与父母一起去公园。

教孩子退舍和谦让。 对于比较固执、有主见的孩子，就不必再强调让他争第一的概念，而应在孩子4岁以前就让他逐渐学会谦让。父母不妨经常潜移默化地告诉孩子，真正聪明的人常常以退为进。如果两个小朋友都想玩那个玩具并且争抢起来的话，最后反而谁都玩不上。不如大家轮流玩，不但可以更早玩，而且大家还可以商量出更有趣的玩法。

开导不等于迁就。 即使再多的策略和招数，有时还会觉得对待固执孩子是一场耐力测试，如果所有的宽容、理解、尊重或民主都不能奏效时，也应行使父母的权力。譬如到了睡觉的时候孩子仍拒绝上床的话，可将他抱上床，并且告诉他："睡觉的时间到了，即使你现在睡不着，也必须在床上待着。"在为固执的孩子定规矩时，既不要抹平孩子的棱角，也不要过于迁就孩子，更不要在孩子面前感叹他有多倔，这样会让孩子觉得自己很特殊，或者让他自以为有权肆意妄为。

孩子固执的个性多半来自父母的基因，所以在"改造"孩子的同时，父母也别忘了自我修炼。父母应注意自己的言行，不要太固执己见。

第 8 讲

针对孩子的心理说准话

每个孩子在成长的每一个时期，其主要心理需求和心理特征都各不相同。父母在和孩子说话之前，一定要仔细体察孩子的真实心理，才能句句扣准孩子的心弦，说到孩子的心里去。父母要特别注意巧施话术，引导孩子克服自卑心理、嫉妒心理、虚荣心理和逆反心理。这些心理，如果不能及时地予以化解，则可能导致孩子的心理障碍甚至精神疾病。

1. 孩子的基本心理需要

很多父母的话不但不能满足，反而会违背孩子的心理需求，所以令孩子难以接受。现代儿童心理学研究表明，孩子在成长过程中，有着如下 8 大心理需求：

被爱与价值感：孩子需要父母的爱，被爱而接纳，孩子才有安全感与价值感。父母对子女示爱时，除了使孩子体验到被爱的满足之外，也要使孩子知道因何事而被爱，从而促使其建立基本的是非观念。

安全感：一个没有安全感的孩子是无法信任别人的，对他人不信任则无法和人建立友谊，社会化的过程也受到阻碍，还可能造成"疑心病"，成为刚愎自用的人。孩子如果缺乏安全感和自信心，会使他不敢自由自在地探索周围环境，学习新的事物，其情绪和智能发展也会受到不良影响。

常规：常规对孩子来说就像是一栋房子的墙壁，它给生活一个界限及应有的广度。只有当孩子知道什么是可以期待的事，他才会觉得舒适自在。所以常规是孩子心理安全感的来源，常规的建立可以给孩子提供自由成长的顺序感。

新的学习经验：现代儿童发展理论认为孩子是成长中的个体，其心智能力的发展是其生理学方面的成熟加上后天学习经验而达成的。从出生起，孩子必须有切合其能力的学习机会以学习新的经验，才能发展出正常的智能、语言、人际关系技巧、情绪感受、表达能力和人格。

鼓励：在教养孩子的过程中，鼓励的重要性大过其他方面，而缺乏鼓励是造成儿童偏差行为的基本原因。所以说，有偏差行为的孩子相当于一个受挫折的孩子。每一个小孩子都需要持续给予鼓励，就如同种子需要水一样。如果没有鼓励，孩子无法成长及发展，也无法获得归属感。鼓励是一个持续的过程，它强调给予孩子自我尊重感及成就感。

　　责任：孩子需要责任感，让他负责照顾自己的日常生活，如穿衣、收拾玩具、扫地等，可以帮助他了解自己的重要性，建立自信心，学习互助的精神及确立责任感。

　　认同的楷模：孩子良好品行养成的必要条件是生活中有良好楷模供他学习认同。因此，父母不但要多跟子女接近，进行言教，而且要注意身教的影响，使自己的言行对子女产生正面影响。

　　尊重：家庭民主建立于互相尊重，如果只有一方表现尊重则是不平等的。父母必须尊重孩子和他的权利。唯有对孩子的能力有信心，才能对孩子表现尊重。尊重孩子是表示把他当作大人一样有权利做决策。但是，权利并不意味着孩子可以做任何大人做的事情，而是使孩子了解在家庭中，每一个人都有自己所扮演的不同角色，每一个不同角色有不同的权利。

　　父母要把话说到孩子的心里去，就要清楚孩子成长过程中的基本的心理需要，学会在交谈中照顾和满足孩子的这些基本心理需求。

2. 仔细揣摩孩子的真实心理

5岁的小冲第一次跟妈妈去幼儿园，看到墙上贴着许多小朋友的画，大声嚷道："谁画的画？丑死了！"妈妈很尴尬，责备儿子不应该这样说。

但一旁的老师却懂得他说这话的真实意图，笑着说："在这里不要求小朋友画得多么好，你喜欢画什么就可以画什么。"

小冲露出满意的笑容，因为老师解答了潜藏在他心底的担忧："一个不会画画的孩子上了幼儿园怎么办？"

接着，他看到地上摔坏的玩具车，又捡起来煞有介事地追问道："谁摔坏的？"妈妈说："关你什么事？你又不认识这儿的人！"

这时还是老师懂得男孩的心理，说："玩具本来就是给大家玩的，有时玩坏了，没关系的。"

小冲探询的问题获得了答案，十分满意，对妈妈说了声"再见"，就亲热地拉起老师的手。幼儿园的第一天，顺利开始了。

有时，孩子的话语并未表现他的真实心理，这就需要父母费一番揣摩功夫。不要老以为"小孩家懂什么"，孩子的心理感受有时是很复杂的，需要父母仔细揣摩和用心理解。

暑假即将结束，陆京伤心地哭了，因为他形影不离的表姐何乐就要和他分别了。妈妈对陆京说："你都整整12岁了，怎么还动不动掉眼泪，像个小女孩？"

陆京狠狠瞪了妈妈一眼，奔向自己的房间，"砰"的一声门关上了，弄得母子俩一整天都不开心。

把话说到孩子心里去

这个例子告诉家长：即使在大人认为不值一提的事情上，也必须认真揣摩孩子的心理感受。陆京的妈妈如果明白：儿子当时内心需要的是别人的同情而不是教训，说些表示理解的话，情况就会完全不同了："何乐走了，你会感到寂寞的。""相处长了，突然分开，有一阵子是会不习惯的。"这样的回答一定会使儿子感到亲切和欣慰，因为妈妈的话对他的痛苦起到了安抚的作用，而说教和训斥则刚好相反。

很多父母不是没有爱心，而是缺乏对孩子内心世界的理解。亲子间有效交流的基础是理解和同情。

10岁的郭品气恼地回到家里：由于天公不作美，他与爸爸外出野炊的计划泡汤了。碰巧，他的母亲不久前咨询了家教专家，她知道：儿子没能出去野餐，非常失望，想要家长分担他的不愉快，理解他的内心感受。于是她说："看起来你很懊恼。"儿子说："是的。"母亲说："你一直盼着这次野炊？"儿子说："可不是吗！"母亲说："一切都准备好了，偏偏老天不作美。"儿子说："是的，真不走运。"

沉默了一阵，郭品劝慰自己说："没关系，反正下次还能去的。"他的怨气消散了，整个下午和妈妈都相处得很愉快。

孩子在冲动时往往听不进任何人的话——不论是劝告、安慰还是严厉的批评，都不会接受。他只希望别人理解他，了解他在特定时刻的特殊心理感受和感情体验。如果父母善于察言观色，"善解人意"，能摸准孩子真实的心理，搔准孩子的"痒处"，何愁不能把话说到孩子心里去？

3. 对自卑的孩子说：你一定行！

当孩子兴高采烈地告诉你他取得了好成绩，要与你分享他的喜悦时，你是耐心地倾听并表扬他，还是依旧把脸一板，呵斥他："为什么不做得更好？"

刚参加工作不久的小伙子辰军来到心理诊疗中心，向心理医生袒露了自己的痛苦，他告诉医生：自己老是觉得干什么事都不如别人，现在无论做什么总是想得特别多、顾虑多、决策难，对自己毫无信心和把握。该院心理科副主任医师在了解了他的情况后，发现这与他成长过程中所受的家庭教育有很大的关系。

其实辰军在上中小学时，成绩都还不赖，中上水平，并且保持得比较稳。但是父母对他的要求十分严格，不仅从来没有表扬过他，他听到的永远都是指责。"为什么只进步那么几分？""为什么比第一名差那么多？"对于他的成绩和其他各项表现，父母总是没有满意的时候，不管他再怎么努力，都得不到丝毫温暖的鼓励。辰军说："我当时多么想得到爸妈的一点表扬或者肯定，但是他们关注的永远只是我的缺点。"久而久之，辰军也就认为自己是一个浑身是缺点的人了，干什么事都不行。

很显然，辰军有着严重的自卑心理。心理医生分析，辰军小时候的家庭环境对他这种心理的形成有很大影响，他一直都在争取获得父母的称赞或者肯定，但父母永远不满意他的表现，对他的要求"水涨船高"，这就让他养成了一个不好的习惯：在任何情况下都要担心父母的评价，考虑父母是否高兴。导致他在长大后，在工作和人际交往中，丧失了自主和自信，因此总是特别自卑，顾虑重重，陷入痛苦。

在孩子的成长阶段，父母的支持和鼓励是很重要的，这在一定程度上决定孩子的性格和价值观的形成，如果处理不当，很容易为日后埋下自卑、忧虑、焦躁、抑郁等心理症状的根源。辰军的例子就体现了这一点。现在他已经是20多岁的小伙子了，想要在根源上干预从而达到好的效果已经很难了。

父母过高的期望反而会使孩子产生自卑心理。自卑是自我评价过低、自己看不起自己的一种不良心理状态，是自我意识的一种消极表现。自卑的孩子，往往不切实际地低估自己，只看到自己的缺陷看不到自己的长处，老觉得自己不如别人。自卑的孩子害怕得不到别人的尊重，从而丧失实现自我的信心。他总是以别人为参照物罗列理由，来说明自己的无知和无能。自卑会使孩子背上沉重的思想包袱，丧失前进的动力，对学习、对生活甚至对人生失去信心，这对孩子的健康成长和成才是非常不利的。

一位哲人说过："追求越高，才能的发挥就越充分。"对于孩子来说，与其空谈立志，当什么爱因斯坦式的划时代的科学家，还不如订几个切实可行的小目标。让孩子适当降低追求，让大的目标分解成若干小目标，做到一学期、一个月甚至一个星期都有目标可寻。目标变得小而具体，就易于实现，这样一来孩子就每时每刻都有成功感，就可更快地进步，不断增强自信心。

尺有所短，寸有所长。每个人都有自己的长处和优势，同时也有自己的短处和劣势。如果用其所短，而舍其所长，就连天才也会丧失信心，自暴自弃；相反，一个人若能扬长避短，强化自己的长处，就是有残疾的人也能充满信心，享受成功的快乐。因此，父母引导孩子战胜自卑心理，要善于发现他的长处和优势，赞美他的长处和优势，并为他提供发挥长处的机会和条件。这是帮助孩子克服自卑心理的关键。

心理学家莫顿曾提出"预言自动实现"的原则，认为人们具有一种自动实现预言的倾向。在孩子心灵的眼睛面前，长期而稳定地放着一幅自我肖像，孩子会与它越来越接近。所以，如果孩子把自己想象成胜利者，那将带来无法估量的成功。当孩子感到信心不足时，家长应该引导他进行积极的自我暗示，把"别紧张，我能行""我一定能成功"之类的话写下来或者大声说出来。

语言是思想的表露。积极的语言能使人产生积极的情绪，改变消极自卑的心态，因而家长应当经常大声地对孩子说："你真棒！""你一定行！"用积极语言为孩子打气。在此基础上，让孩子根据自己的实际情况拟定一句鼓舞斗志的话，每天上学之前都念上几遍，让孩子每天都生活在积极的语言暗示中。

4. 劝说转化孩子的嫉妒心

有一则古埃及的寓言，流传甚广：

一只小鸟对它的爸爸说："爸爸，如果我能变成人那该多幸福呀！"

鸟爸爸回答："孩子，人类没有我们幸福！"

鸟儿子问："为什么？"

鸟爸爸说："因为他们心里都扎了一根刺，这根刺无时无刻不在折磨他们，他们怎么会幸福呢？你没听见他们经常说'如果我是一只小鸟'就好了。"

鸟儿子不解："那是根什么刺啊？"

鸟爸爸回答："嫉妒！"

据美国儿童心理学家斯坦贝格研究，人类的嫉妒感可能早在婴儿期就出现了。不足周岁的婴儿看到母亲给其他婴儿哺乳时，会出现心率加快、面色潮红等不安反应，甚至哭闹起来。孩子长到五六岁时，嫉妒会更频繁地升上心头。至于上学以后，由于和小朋友进行多种比较的机会骤然增多，他们可能会遭到更多嫉妒的折磨，只不过随着年龄的增长，他们渐渐学会了掩饰自己的嫉妒心理。

嫉妒心强，有两方面的危害，父母必须找时间心平气和地给孩子分析清楚。

嫉妒破坏人际关系的和谐。当一个人嫉妒另一个人的时候，就不会对那个人友善、热情，两个人的关系必然冷淡。嫉妒的对象越多，关系冷淡的对象越多，这就给人际交往带来极大的妨害。当孩子的嫉妒对象越多，他的朋友就越少。

小王和小陈是同班同学，成绩在班里也都名列前茅。数学考试前一天晚上，小王打电话问小陈一道题。小陈好不容易才把这道题解出来，她不愿意让小王不劳而获，又怕第二天考这道题小王也答对，成绩分不出高低，于是就将一个错误的思路告诉了小王。

第二天考试的时候果然有这道题。小王做错了，成绩一下子比小陈少了10分。一次小小的考试，竟使她们两人相互嫉恨，一直到毕业，这两个同学还是没有和好。

嫉妒对孩子的人际交往与成长危害极大，这样的例子自古有之。战国时代，庞涓和孙膑一起投师鬼谷子学习兵法，算是同窗好友了。但庞涓非常嫉妒孙膑的军事才能，他当上了魏惠王的将军后，将孙膑骗到魏国，砍掉了孙膑的双脚，使孙膑终身残疾。后来孙膑成为刘威王的军师，在马陵之战中大败魏军，杀死了庞涓。

嫉妒造成自己的内心痛苦。一个嫉妒心强的孩子，常常陷入苦恼之中不能自拔。时间长了会产生自卑，甚至可能采取不正当的手段去伤害别人，使自己陷入更恶劣的处境。正如法国大文豪巴尔扎克所言："嫉妒者的痛苦比任何人的痛苦更大，他自己的不幸和别人的幸福都使他痛苦万分。"

孩子的嫉妒心强常常是家庭问题导致的，如父母关系不和、家庭教育方式不正确、父母对孩子的要求过高等。有些父母，往往喜欢采用一种错误的"激励教育法"来刺激自己的孩子，比如许多家长往往对自己的孩子说："你看，你的成绩还不如马高同学呢！"或者是"刘韦同学的钢琴弹得真好，你看看你，什么都弹不出来！"这种方法看起来似乎是"激将法"，却往往容易使得孩子产生自卑情绪，而且还会叫孩子错误地以为父母爱的不是自己，从最初的不服气，变成一种嫉妒。

当孩子显露出其"丑陋"的嫉妒心时，作为家长不要严加批评指责，更不要冷嘲热讽，因为这只能使孩子更多地丧失自尊、身陷嫉妒的苦海之中难以自拔。比较合理的应对方法是，佯装漫不经心地与之交谈，了解引起他嫉妒的"背景"，语气平和，且面带微笑。

家长不妨安静地倾听孩子的感觉。此刻孩子最需要的是向亲人倾诉自己的不安、烦躁，希望有人能倾听他的诉说，并理解他、体谅他。待你听完他语无伦次或者蛮不讲理的诉说后，你不必加以评论，相反地你可以轻松地说："呀！我还以为有什么大不了的事哩！"要知道，你的轻松和微笑可以有效地使孩子控制住自己的嫉妒心，使其强烈的情绪渐渐隐退。

他也许会描绘说，他正体验着强烈的不快甚至愤怒，而这种敌对情绪的起因仅是由于他的一位小伙伴刚获得了一辆崭新的玩具自行车，此时你不要劝慰说"那我也给你买一辆更好看的自行车"，因为这在大多数情况下不仅于事无补，而且还可能糟糕地诱发他的贪欲和攀比欲。

或许，孩子时不时冒出的嫉妒心很难予以扑灭，但父母完全可以聪明地巧施话术，引导劝说，将其转化为激励他前进的动力。如，一个一年级的小学生对同桌收集到的玩具汽车眼红得要死，出于嫉妒他"信口雌黄"地对母亲说，那小子一定是偷来了别人的汽车，不然不可能有那么多。这位明智的母亲听了便对他说："要是你不乱买零食，省下来的钱照样可买许多玩具车的。"想不到这孩子真的下决心改变了乱花钱的恶习，省下钱来买了一辆又一辆的玩具汽车。这时，他再也不必因他人拥有玩具汽车而嫉妒了。

在日常言谈中，父母更要有意表现出对别人的宽容大度。作为家长，一定要注意：切莫在朋友发了一笔横财或同事升官时，出于嫉妒对他们横加指责、冷嘲热讽甚至恶语中伤。要知道，坏榜样的"力量"也是无穷的。当着孩子的面，家长要经常由衷地赞美自己的朋友同事，为朋友同事取得的成绩而高兴。孩子在潜移默化中，就会学到如何正确对待比自己更有能力、更成功的人，保持宽容、健康的心理。

5. 间接劝导虚荣心强的孩子

这是大连市一所中学放学时校门口的情景：

学校门外挤满了来接孩子的家长，马路上一时间拥挤不堪。很多家长都是开车来的，把学校门口围了个水泄不通。

几个学生一边等着家长，一边指着学校门外的车绘声绘色地谈论着，什么牌子的、什么型号的、多少钱、最多可以跑到多快、性能如何……听起来还都挺在行。

其中一个学生对另外几个同学说他父亲的宝马车如何如何好，有多昂贵，这车、那车都差远了，一副不屑的样子。

过了一会儿，这位学生的父亲来了，确实是开车来的，但不是宝马。看父亲开了一辆"破车"来，儿子感觉在同学面前很没面子，跟父亲急了，就是不上车，反而"质问"起父亲为什么没开宝马来，还嚷嚷着让父亲回家把宝马车开来。

这个场面让众多家长和学生都目瞪口呆。看到这么多人围观，父亲苦口婆心地劝说着，最后费了好一番劲才将儿子劝上了车。

还有这样一个例子：

薇薇的班主任请家长参加期末联欢会，薇薇不让妈妈去，说妈妈是卖鞋的，太不体面了，非让当医生的大姨去参加，还叮嘱大姨一定要开车去学校。

很明显，上述两例中的孩子，都有很强的虚荣心。

其实当得知孩子爱慕虚荣时，家长或许应当感到高兴。因为从某种程度上讲，虚荣心代表儿童在成长过程中自我意识的增强，表明他们期待通过展示自己最美好的一面来赢得大家的认可、称赞。孩子的虚荣心大多出于单纯而强烈的不服输的心理，适度的虚荣心可以激发孩子见贤思齐、积极进取的内在动力，因此，父母要用宽容的心体谅、接纳孩子爱慕虚荣的心理，给孩子的虚荣心留出适当的生存空间。但孩子的虚荣心如果过分膨胀，就会有碍真正的进步，甚至会形成嫉妒成性、冷酷无情的性格。

家长应在平时多留心，仔细观察孩子的行为表现，敏锐捕捉孩子的心理动态。孩子由正常的虚荣心到过分地爱慕虚荣是一个逐渐发展的过程，其间会有很多明显的信号，例如：孩子对衣着、文具、玩具等特别挑剔，抱怨父母不能给自己提供优越的物质条件等。当发现孩子有这样的行为时，唯有"随风潜入夜，润物细无声"地引导才是良策，所以不妨试试"迂回战术"。

如果薇薇的妈妈苦口婆心地与她正面交谈："职业没有高低贵贱之分，妈妈给你丢人了吗？"这恐怕不会奏效；或者干脆直接向孩子发火，恶狠狠地打孩子一顿，则可能更加糟糕。不妨和孩子心平气和地谈话，间接地问孩子：你们班学习最好的同学父母是什么职业？你最喜欢的同学是谁？同学们喜不喜欢你？咱们家有哪些让你喜欢的地方？妈妈有哪些优点？

这些问题旨在启发孩子认识到：小伙伴不会因为妈妈是做小本生意的就不喜欢自己，大家最看重的还是我自己的表现；虽然妈妈不像医生那样神气，但是她很爱我，和妈妈在一起我很开心，我的妈妈同样让人羡慕！

这样迂回地提问并不失时机地表达出家长的想法，有利于让孩子心悦诚服地接受家长的劝导。

令人遗憾的是，现实中许多父母的自身言行举止间接助长了孩子虚荣心的膨胀。每逢家里来了客人，许多家长总是自豪地拿出孩子获得的各种奖状让人欣赏；一些父母给孩子买高档玩具、流行服装；有些父母不注意孩子的修养和教育，喜欢在吃穿打扮、玩具图书等方面与他人攀比，甚至给孩子大把零花钱以显示自己的富有和与众不同。父母对孩子一味"吹高""捧高"，让孩子在一片赞扬声中长大，不受任何挫折。家长在不经意间已经将自己的虚荣心转嫁给了孩子，在给孩子罩上光环的同时也在暗示孩子怎样让父母为自己感到骄傲、怎样去满足成人的虚荣心。长此以往，不仅滋生了孩子的优越感，而且使得他们不能心平气和地去面对平凡，并苛求自己各方面都要比别人强。所以，家长在抱怨和纠正孩子过强的虚荣心之前，首先要检讨一下自己，是不是我的虚荣心太强？是不是我把虚荣心"传染"给了孩子？记住：父母的言行举止是对孩子最有力的间接说教。

旁敲侧击地引导孩子与伙伴们比学习、比品行、比技能，孩子就会慢慢地转移注意力，有利于孩子良好习惯的养成。

6. 温和疏导孩子的逆反心理

随着孩子渐渐长大，很多家长抱怨："我们的孩子越来越不好管了，你说什么他就偏不做什么。""有时候你刚要说话他就表示反感，不愿意听你说下去。"这类情况大多是孩子的逆反心理造成的。

逆反心理是指人们彼此之间为了维护自尊，而对对方的要求采取相反的态度和言行的一种心理状态。孩子到十二三岁的时候，容易产生一种与家长相抵触的情绪。他们心里有话宁愿与同伴说，也不愿与家长说。对于家长的好心批评、劝导，他们动不动就反驳、对立，让一心爱他们的家长惊诧不已、心痛不已。

孩子有了逆反心理，经常是你要我这样，我偏不这样，反而要那样。这种情形让家长很恼火，家长越恼火就越训斥他们；但家长的训斥起不了什么规劝作用，反而更增加他们的反感情绪。家长这时如不能正确理解、谅解和化解孩子的逆反心理，孩子很容易逃学，甚至离家出走。

孩子之所以产生逆反心理，有着内、外两方面的原因：

十来岁的孩子正处于人生的过渡期。这时，他们的独立意识和自我意识日益增强，希望摆脱成人的监护和束缚，反对成人再把他们当小孩看。为了表现自己的非凡的思维和能耐，他们喜欢对任何事情都采取批判、否定的态度。然而事与愿违，当他们发现外界始终无视他们的独立存在，对他们的自我表现一概否定或根本不感兴趣时，他们又会采取更尖锐更极端的方式来证明自己的与众不同。这是孩子逆反心理产生的内因。

如果家庭、学校的教育方法不当，没有顺应孩子生理、心理发展的需求，对他们提出生硬的要求，令他们感到身心疲惫、不堪重负，就容易产生强烈的对立情绪，故意跟老师、家长对着干。这是孩子逆反心理产生的外因。

逆反心理过强会导致孩子多疑、偏执、自私、冷漠、孤独、愤世嫉俗、不合群，使之学习被动、生活萎靡等，进一步发展还可能向犯罪心理和病态心理转化。

为了化解孩子的逆反心理，家长需要多从孩子角度考虑问题，努力与孩子建立一种平等、相互尊重的关系。你可以以朋友的身份与孩子"平行交谈"，往往能引起热烈回应。

所谓"平行交谈"，就是家长与子女一边做些普通活动，一边交谈，重点放在活动上，而不是谈话的内容，双方也不必互相看着对方。这种非耳提面命的谈话方式会让家长和孩子都感到轻松自在，消除隔阂，令孩子与家长之间达到无话不说的地步。

父母要营造聆听气氛，做孩子的顾问。这样，孩子一旦遇上重要事情，就会来找家长商谈。要达到这个目的，其中一个好方法就是经常抽空陪伴孩子。如利用共聚晚餐的机会，留心听孩子说话，让孩子觉得自己受重视。由于家长提出的意见，即使是好意见，逆反的孩子也大都不喜欢听，因此，家长应做孩子的顾问、盟友，而不要做管理者。顾问只细心聆听，协助抉择，而不插手干预，仅建议改弦更张。

当孩子诉说和发泄时，家长应克制自己的情绪冲动，让孩子把话讲完，避免因随意指责引起双方的不快。当孩子充分表达意见后，家长应作出积极的表态："你这个想法不错，要是再加一点或再改一点就更完善了。"家长的积极反应可以让孩子心情愉快，充满成就感，有利于双方下一次的情感交流。

父母对孩子的担心和忧虑，应当让孩子知道这是家长的爱心所致。比如，面对孩子放学晚归，有的家长是等孩子回家后，劈头盖脸一顿臭骂，勒令以后不准晚归。这种处理方式过于急躁，孩子不但没有体会到家长的爱心，反而对家长产生了抵触情绪，认为小题大做，管得太宽。而聪明的家长则会尽量压住怒气，心平气和地询问原因，并说明"因为不知道你为什么晚归，心里很着急、很担心，希望你能够站在家长的角度，体会家长的爱心和不易，以后早点回来"。相信懂事的孩子听了这一番话后，会为自己的晚归给家长带来不安而感到内疚自责，对家长的干涉行为也不会产生逆反与抵触。

当孩子出现越轨行为时，做父母的要及时对孩子说说"悄悄话"，尊重孩子的自尊心，打消其恐惧心理，问明事情的原委，帮助孩子认识错误，寻找补救措施，用理解、信任和关怀的爱心去温暖、感化孩子，了解孩子的烦恼与苦闷，以温和的语言进行疏导，循循善诱，在肯定优点的同时指出不足，促使孩子从挫折中受到教育，扬长避短。切忌在孩子出现冒险行为时，挖苦疏远孩子，甚至放弃责任，撒手不管。

采用实践体验法化解孩子的逆反心理，要比命令和口头说教有效得多。一位父亲讲了这样一个故事：

一天傍晚，父亲与儿子散步时，儿子看到西瓜非要买一个。父亲说："离家太远，抱回去太累人，不买了。"儿子这下可来劲了，偏要买，不高兴地说："我要买西瓜你不买，你喜欢我学习好，我也不好好学习。"父亲略一思量，对儿子说："买西瓜可以，你要自己拿回家。"儿子抱着买的西瓜走，一会儿就累得满头大汗，一路歇了几次才把西瓜抱回家。这一体验让孩子感触颇深："吃个西瓜也真不容易啊！"由此体会到父亲的苦心。

心理研究和教育实践表明，逆反心理虽有妨害孩子身心发展的一面，但也蕴含着很多积极的因素，其中较为显著的是：逆反心理从另一方面反映了孩子自我意识强、好胜心强、勇敢、有闯劲、能求异、能创新等积极的心理品质；逆反心理强的孩子，在不顺心的情况下，在愤懑、压抑、不满的时候，敢于发泄，不会让不愉快的事情长期滞留在心中，并能防止畏缩、懦弱、压抑、保守、逆来顺受等消极的心理品质的形成。

因此，如果父母能以温和的语言疏导孩子的逆反心理，并能因势利导，善加利用，这样，就能够把逆反的孩子塑造成具有创造性思维、勇于开拓进取的现代社会所需要的杰出人才。

第 9 讲

选对谈话的时机说透话

俗话说"机不可失，时不再来"，教育孩子，和孩子说话，也要讲究时机，抓住"战机"，该说的时候一定要说，不该说的时候一定不要说。在最佳时机以妙语对孩子施以引导和教育，会收到事半功倍之效。时机不对，任你磨破嘴皮，也只能激起孩子的抵触，对孩子造成心灵伤害和精神痛苦。

中国历史上著名的明君唐太宗李世民，不但治国有略，而且教子有方。唐太宗曾对臣下说，教育孩子要想取得良好的效果，就要善于"遇物而诲，择机而教"。他自己就是这样做的。

太子吃饭的时候，李世民说："种庄稼可不是一件容易的事。如果你懂得了这个道理，就会永远有饭吃。"

太子骑马的时候，李世民说："这马和人一样，应当有劳有逸，不能让它过度劳累。你要是懂得了这个道理，就会永远有马骑。"

太子在大树下乘凉的时候，李世民就趁机指着树干说："木匠锯木头，只有依照绳墨才能锯成直木板。你将来要想做个贤明的君主就得认真听取大臣的进谏。"

太子乘船游览时，李世民说："你看，水能把船浮起来，也能把船沉下去。老百姓好比是水，君主好比是船。老百姓可以维护你，也可以推翻你。"

选准合适的时机，运用恰当的比喻教诲孩子，以取得良好效果，这就是唐太宗给当今家庭教育的启迪。

当今家长应向唐太宗学习，善于抓住教子时机。虽然教育孩子随时随地都可以进行，但这并不意味着家长可以不分时间、地点没完没了地唠叨。唐太宗分别利用吃饭、骑马、乘凉和乘船的机会，谆谆教导太子不能养尊处优，要让老百姓休养生息，要注意纳谏，不要与老百姓形成尖锐的矛盾……一次次开导教诲，犹如及时雨，沁入太子的心扉，由于时机把握得对，太子很容易接受。

唐太宗教育孩子可谓用心良苦、苦口婆心。他还善于用恰当的比喻进行启发，而非抽象说教。这能诱导孩子自己去领悟、理解，把家长的外在启发教育转化为内在自我教育。经过这个转化过程，教育的效果就会显现出来。

　　现在有些家长教育孩子不讲场合，不分时间，吃饭的时候数落孩子考试没考好，当着客人的面揭孩子短，孩子正写作业时还唠叨考试要取得前几名。家长的动机也许是好的，所说的内容也是正确的，但因为没有选对合适的开导时机，很难收到好的教育效果，甚至事与愿违，激起孩子的反感和逆反。

　　诸位父母，当你准备教诲孩子、开导孩子时，请铭记唐太宗李世民的话："遇物而诲，择机而教。"

2. 教诲孩子的最佳时机

常言道：机不可失，时不再来。打仗要讲究战机，同样，教诲孩子也要把握有利时机。父母有意识地学会在日常生活中发现、捕捉、选择、利用好教育时机，对孩子进行说服教诲，在合适的时间说对话，就会取得事半功倍的效果。

以下几种是有利的教诲时机，家长应抓住，自觉地加以利用：

孩子生活的转折点

孩子一生中会有很多生活的转折点，如小学升初中、初中毕业、新学科的开始、新学一种业余爱好等。这时孩子往往有一个美好的向上的愿望，他渴望进步，希望能以一种新面貌、新形象开始新的生活。这种进步的愿望，往往伴随着"良好的开端是成功一半"的认识，即使是平时纪律比较散漫、学习不够努力的孩子，也会在这段时间表现得守纪与努力，令人有焕然一新之感。这时家长如能给予及时的鼓励和有效的督促，就能使孩子开始一种崭新的生活。

孩子生日时

对孩子来说，生日是最难忘而又愉快的日子。父母为孩子准备生日礼物和美味饭菜的同时，不要忘了生日赠言。生日赠言，既可是书面的，也可是口头的，关键是要通过赠言使孩子明白一些道理。

当孩子对某些事物有浓厚兴趣时

家长对孩子平时的行为要细心观察，一旦发现孩子对某一事物特别有兴趣，就要及时给予启发和鼓励。抓住孩子兴趣的"闪光点"因材施教，会激发出孩子某一方面的智慧火花，使孩子在兴趣的引导下提高能力，走向成功。

当孩子遇到困惑时

每个孩子在日常的学习和生活中都会遇到困惑，这时，他们往往特别渴望别人的理解和指导，此刻正是家长教育他们的最佳时机。当孩子对某件事情感到困惑时，家长抓住孩子渴望学习经验的心理，及时帮孩子进行必要的梳理，不失为教育的最佳策略。这时，无论家长是摆事实，还是讲道理，孩子都会很容易地接受，收到良好的教育效果。

当孩子犯错时

孩子的成长就是一个犯错改错的过程，犯错时恰好是说服教育孩子的最佳时机。只有在发现错误的时候，孩子才有可能深刻地去理解更多的人生道理。

纵观古今中外，都可以发现这样一个事实：许多名人或成功之士，在他们背后都有着一个经典的故事——在犯错时，他们的父母都会在发现错误的时刻教育他们，激励他们一生的成长。

因此，在孩子成长的过程中，犯错并不可怕，可怕的是孩子不敢面对错误。这时家长就要帮助孩子分析错误，引导孩子正确面对错误，最终达到改正错误的目的。

孩子犯了错误，大多数会自动意识到自己错了，特别是当后果较严重时，还会痛悔不已。此时家长及时对孩子进行教育，就会有很强的说服力，孩子往往比较容易接受。如一个孩子平时在校不守纪律，在家不听父母的话，随便玩火，结果烧了起来，幸亏邻居发现后及时扑救，才使全家免遭灭顶之灾。看到被烧坏的家具，孩子痛哭流涕，后悔万分。父母趁机教育他要遵守纪律，不能随便玩火，孩子从此成了一名遵纪守法的好学生。

当孩子取得成绩时

生活中，孩子总会取得一定成绩，如在学校中考得了好名次，或在某项活动中表现突出受到奖励等。这个时候，孩子的情绪都会比较高昂，自信心也会比平常强，家长要抓住这个时机，在肯定和鼓励的基础上，及时指出孩子的不足之处，给孩子提出新的目标和要求，引导孩子乘势而上，百尺竿头，更进一步，把一时的热情转化成持久的动力。

当然，家长也不能忽视孩子因成绩而引发的骄傲自满情绪。骄傲是成功的大敌，做家长的千万忽略不得。许多孩子的学习成绩经常大起大落，其原因就是骄傲自满。因此，家长在表扬孩子取得成绩的同时，还应该及时让孩子懂得"虚心使人进步，骄傲使人落后"的道理。

此外，当孩子做了好事的时候，如给老人让座、帮助同学解决困难、关心班集体等，家长一定要给予孩子及时的肯定和表扬。孩子做好事常常是无意识的，家长要善于把这种无意识引导到有意识，逐步培养孩子良好的品德。

当孩子遇到困难和失败时

孩子遇到困难和失败时，最容易泄气，情绪低落，同时也最害怕嘲讽。有些家长偏偏在这个时候对孩子又挖苦又讽刺，还常常说出笨蛋、傻瓜、白给你吃的穿的之类有伤孩子自尊的话，使孩子对自己越来越没有信心，上进心一滑再滑。如果此时家长能多给孩子一些鼓励和关心，积极肯定孩子的成绩，对他的不足之处予以点拨，一块探讨解决困难的方法，帮助他重新树立信心，走出困境。在战胜困难和失败后，孩子的自信心会大大提高，以后遇到同样的问题也知道如何去解决。

当孩子的合理需要得到满足时

孩子常常在学习、生活、物质和心理上提出各种需要，要求家长予以满足。如果是合理的要求，家长在满足孩子需要时，可趁机向孩子提出一些希望和要求，孩子就会把父母的话铭记在心，按照父母的期望去行动。如一个男孩要求爸爸为他买一样礼物送给过生日的同学。爸爸很快满足了他的愿望。当爸爸把礼物送给儿子时，提出了一个要求："送给同学礼物是尊重同学，随便讲脏话就是不尊重别人，爸爸希望你今后改正随便讲脏话的坏习惯。"从此，这个男孩再也不讲脏话了。

带孩子出门做客时

有的孩子在自己家还比较听话，但到了客人家，就容易"人来疯"，放任骄蛮，有失大人的面子。如果家长当着客人的面大声训斥孩子，孩子不但不听，甚至会故意大哭大闹，弄得大家都很尴尬。要使孩子在别人面前变得更乖更有礼貌，父母必须在临出门前先心平气和地给他介绍一些礼貌性的话语和举止，并传授文明的交往事宜，孩子就比较容易记住并有兴趣接受。回来时，最好及时表扬孩子的优秀表现之处，同时也毫不客气地指出不足之处，要求以后改正。这样做，孩子就非常清楚大人对自己的要求。

和孩子一起外出旅游时

孩子在和家长一起外出旅游时，心情一般会比较舒畅，家长在给他讲解景点故事的同时，还要有意识地教育他要热爱祖国的大好河山，不能攀折花枝、乱涂乱写、用食物或其他物投掷动物、乱丢瓜皮果壳等。

教诲孩子的时机在日常生活中俯仰皆是，远远不止上述几种，关键是家长要做一个有心人，用慧眼去发现时机，用耐心去等待时机，用宽容的心去创造时机。只要时机得当、方法科学，每个孩子都会成才成功！

3. 利用具体情景与孩子说话

家长仅靠单调的语言说教孩子，有时是苍白无力的。为人父母者，要善于抓住时机，利用具体生动的情景与孩子说话。

孩子表现怯懦时，利用情景给以激励。

美国肯尼迪家族的女主人就是如此。每当家里孩子因受欺负而哭泣时，她们总是说："记住，孩子，肯尼迪家的人是绝不哭泣的！"这种格言式的语言，在具体情景中经过一次次反复与强化，渐渐激励孩子们坚强起来，彻底战胜怯懦、软弱。

孩子遇到困难时，利用情景给以鞭策。

有个小女孩左小臂残疾，父母倾其所爱，却养成了她依赖、怕困难的毛病。心理医生建议女孩父母要像对待健全儿童一样对待残疾女儿，不能迁就。一次母亲让女儿削土豆，她跑到父亲面前哭诉："我削不了，我只有一只手！"父亲捡起一只土豆说："它不过是一只小小土豆，你却有一只半手。动动脑子，办法总会有的。记住，孩子，一只手永远都不是你的借口！"孩子无奈，只得想办法，最终还是以断臂按住土豆削完了它。这个父亲听从心理医生之劝，抓住一个具体场景，以严格而又不失温和的言辞拒绝了孩子的借口，实际上堵住了她向困难低头的退路，从容达到了教女自强的目的。

孩子流露傲气时，利用情景给以训诫。

某位总裁之子，一次引领同伴闯入其父办公室，一屁股坐到那把堂皇的大椅上，对其同伴颐指气使："我爸是今天的总裁，我一定是明天的总裁，你们谁当我部下，给我沏茶送文件？"话音未了，父亲顺势让秘书递来一把木椅，一字一板道："现在，你得好好坐在这把椅子上，念好书，写好作业。告诉你吧，爸爸的位子可是给有本事的人坐的！"

孩子奢侈浪费时，利用情景给以纠正。

有个女孩，中学毕业后未能升学，在家里由于实在无聊就打派对电话。父亲接到当月500元的电话账单后，放到她面前问："你学过数学，也许能算出它是我工资的几分之几。请解释这个月电话费为什么这么多。"女儿只好低头承认错误。父亲说："好，这份账单由你来处理，这个月电话费也由你来支付。打工也罢，做生意也罢，只要你能记住教训就好。"女儿于是揣上账单外出找工作，决心以行动弥补自己的过失。这位父亲面对女儿初显的浪费苗头，没有讲大道理，而是利用具体情境，给女儿指点了"还账"的途径，及时予以纠正，显得自然贴切。

孩子面临选择时，利用情景给以忠告。

有位父亲平时很严厉，对儿子从无亲热之状。等儿子穿上军装时，他才一边替孩子整装一边说："你应该知道，你穿上这身军装，我感到很光彩。如果你还有啥事让我替你做，我会点头的！"父亲的平淡之语，却使儿子分外感动，平添了几多荣誉感、自信心。其实，这位父亲借用穿军装这一情景而生发出的告别语，是对儿子前途选择的一种赞许，更是对儿子的忠告和期许。

生活中，有利于启发、教导孩子的具体情境太多了。父母匠心独运，善于发现和利用这些情景，和孩子深入交流，以明白无误的言语，给孩子以适时的引导和告诫，不比那无中生有的空洞说教有力得多吗？

4. 假期是亲子交流的良机

每到寒暑假期，报纸网络上各类补习班、技能培训班的广告就多了起来。该利用假期给自己的孩子补什么课，又成了家长最关心的事。俗话说，缺啥补啥，当今孩子最该补什么？其实，孩子最缺少的是亲情，是亲子间的情感交流和语言沟通。

由于竞争激烈，生活节奏加快，相当多的父母都没有多少时间陪孩子聊天。特别是一些家长，从小学开始就让孩子住校，一周只有周末才能和孩子见见面，在一起说话交流的时间就更少。一些父母即使有点时间跟孩子在一起，谈话内容也多半是学习上的事，关于孩子对生活中一些问题的看法，以及孩子的思想变化等，父母则很少过问。

据某市一项关于少年儿童素质状况的抽样调查统计显示，独生子女与父母交流、玩耍的时间最短，只有 5%，而一个人独处的时间竟然达到 40%。随着年龄的增长，孩子与父母在一起的时间呈下降趋势。由于与父母缺少情感沟通，相当一部分孩子精神空虚、性格孤僻、情感冷漠，与父母存在隔阂。

在假期到来之际，父母与其强迫孩子学习技能，不如俯下身来，倾听孩子的心声，做孩子的听众，和孩子进行深入的交流谈心，补好"亲情课"。

真正懂得教育的家长，会在假期中进行积极有效的亲子沟通。父母可以在家中与孩子坐在一起进行交流；也可以一起去电影院、图书馆，看电影或读书后一起谈谈感受；也可以到大自然中去，感受自然之美，并在自然美的陶冶中，加强亲子交流。

当然，期末考试成绩的好坏也会影响到家长和孩子在假期中的心情。对于考试成绩不理想的孩子，家长不要一味指责，以免孩子在压抑中度过宝贵的假期。家长应和孩子一起分析失利的因素，并指导孩子进行积极的调整，帮助他树立信心，重新开始；要尽量避免尖锐、苛刻的刺激话语，采用平等、缓和的语气和孩子交流。

每到寒假，正值春节期间亲友聚会，一些父母往往认为这是影响孩子学习的不利因素，大伤脑筋。其实，这也是孩子接触社会的大好机会，得体的待人接物、来自亲友的称赞能提高孩子的自信心，频繁的社会交流能帮助孩子更加客观地评价自己。如果这期间孩子接触到亲友中一些比较"成功"的同伴，更要抓住机会为子女树立身边的榜样，激发他们上进的动力。家长要尽量和孩子多谈谈他感兴趣的人和事，在交谈中起到"润物细无声"的教育效果。

在暑假里，有条件的家长可以带孩子出去旅游，或到乡下去走走，多到自然中体验生活，在休闲中体验亲情的可贵、生活的美好。这样，不仅可以促进亲子关系，使孩子的心态更健康，思维更活跃，同时还可以使家长与孩子间的交流更顺畅、自然。父母与孩子之间愉快相处也是一种无声的交流，在这种交流中，感情会更加深厚，信任会更增强，孩子会变得更听话。

5. 切忌在大清早训斥孩子

潘夏家每天大清早都要重复以下的情景：

潘夏的妈妈起床后开始为儿子准备早餐。6∶30，牛奶、鸡蛋、面包准时端上桌，妈妈就开始一遍一遍地叫潘夏起床。

也不知道妈妈叫了多少遍，一直到快7∶00了，潘夏才无精打采地起来。胡乱刷刷牙，抹两把脸，然后坐到饭桌前用最快的速度对付着这顿早餐。

与此同时，妈妈忙着为他叠被子，收拾凌乱的衣服、物品，嘴里还不停地唠叨着："看看你，老是把哪儿都弄得乱七八糟，让人跟在你屁股后面收拾。每天叫你起床都得喊破嗓子才动，早饭都凉了吧？总吃凉饭，还这么狼吞虎咽，胃要坏的，天天跟你说也没用。要是妈一叫你你就起来，就不用这么紧张，也不会老是迟到挨批评了……"

潘夏只顾把吃的、喝的填进肚子，用手背抹抹嘴，抓起妈妈放在沙发上的书包，转身就往外走。妈妈又追在潘夏的身后喊着："着什么急呀，就吃这么几口呀，一上午的课呢，会饿的。哎，上学的东西都带齐了吗，别又落点儿什么，每天都让人提醒也不行……"

等妈妈追到门口，潘夏已经没影儿了。妈妈站在门边，无可奈何地摇着头："我这是造的什么孽呀，为他忙活来忙活去，他连理都不理就走了……"

有道是：一日之计在于晨。当孩子每天早晨像小潘夏一样脑子里回旋着家长的训斥和唠叨声，极不开心地开始了一天的学习，其效果可想而知。

美国《读者文摘》曾调查过1000多名孩子，了解他们的苦恼和要求，其中孩子们有一条共同要求，就是希望父母早晨不要训斥自己。

早晨是每家每户最忙乱的时候，父母要准备早餐，整理房间，还要替孩子做出门前的准备，有的父母常常不自觉地对孩子大喊大叫，说他们要迟到了，嫌孩子笨手笨脚等，斥责声不绝于耳。

心理专家指出：孩子出门前父母对其大声训斥，那么这种声音就会整天在孩子头脑中回响，影响孩子的情绪。更为严重的是：声音最容易引起孩子的恐惧，早晨大声训斥会把孩子宁静的心境扰乱，使他们整天心神不宁。

在早晨训斥孩子，父母的一腔怨气固然发泄出去了，但是对孩子心理上的伤害将长时间留在孩子的心里，导致孩子越来越反感你的训斥，厌烦你的唠叨。明智的父母还会这样做吗？

此外，孩子睡觉前被责问、训斥，甚至被打骂，便会因高度紧张而难以进入睡眠状态，而且会因带着不良心情入睡而使睡眠质量降低，影响体力和精神的恢复。

孩子犯了错误，需要批评，但批评教导时一定要选择时机。确定批评孩子时机的原则是：一、抓住孩子能够接受的最佳时间；二、有利于孩子的学习和具体事务的进行；三、不能损害孩子的身心健康。

6. 进餐时数落孩子不可取

据中国青少年研究中心在全国六大城市 2500 名中小学生中进行的调查显示，有超过一半的孩子在吃饭时挨过父母的"批"。专家认为，餐桌是全家团圆、感情汇聚的欢乐地，父母若将进餐时间当作训斥孩子的课堂，将会给孩子的身心健康造成不良影响。

据华西医院心理卫生中心郭兰婷教授透露，前来咨询的孩子中，有 7 成以上表示，在餐桌上，他们都曾受到过关于考分的质问，关于消费的清算，关于同学关系的追查等。孩子们告诉郭教授，他们很羡慕电视上一家人围坐在餐桌旁欢声笑语的情景：大人给自己夹菜，妈妈问孩子好不好吃，爸爸也不板着脸，而是讲述当天的趣事和见闻。孩子们希望饭桌上的话题不要总针对自己，尤其不要专拣自己的弱点说。"让我吃碗安顿饭好不好？"孩子委屈地说。

郭教授认为，良好的"餐桌文化"氛围，可以使家人放松心情、促进食欲，对孩子的生活和学习起到积极作用。可不少家长饭碗一端上手，就开始喋喋不休，对孩子不理想的学业成绩横加指责，大伤孩子的自尊。如果饭桌上的数落成为家庭教育的主要模式，久而久之会让孩子对吃饭产生一种习惯性的惧怵和恐慌，在饭桌上如坐针毡，备受压抑和困扰，长此以往，容易诱发心理疾病。

进餐时对孩子絮叨责备，不仅会在心理上对孩子形成压力，也对孩子的身体不利。

在餐桌上数落孩子会直接影响孩子的就餐情绪。人情绪的好坏对胃肠的消化功能有着直接的影响，当孩子情绪不好时，神经反射作用会影响胃肠的消化功能，造成食欲不振，消化功能紊乱。

就餐时，中枢神经和副交感神经适度兴奋，消化液开始分泌，胃肠开始蠕动，出现饥饿感。食物进入胃肠道后需经过消化液的作用并通过肠壁吸收其营养成分，每当就餐时，消化腺就会分泌消化液，而这个消化过程是一个在大脑神经支配下的条件反射活动。如果这时遭到大人的训斥、打骂，已经兴奋起来的消化腺会受到抑制，消化液的分泌会大大减少，即使食物吃进肚子里，也得不到充分消化，难于吸收。长此以往，就会造成孩子食欲不振，营养不良，最终引起疾病。

在孩子情绪不好时，大脑皮层对外界环境反应的兴奋性降低，使胃肠分泌的消化液减少，胃肠蠕动减弱，从而降低对食物的消化吸收功能。

孩子在用餐时受到训斥伤心掉泪，边吃边哭，很容易在抽泣时将食物吞咽到气管里去，引起强烈的呛咳，甚至呼吸受阻，危及生命。

当孩子有过错时，父母应选择教育时机，切忌迫不及待地在吃饭的时候批评、责备甚至打骂。当然，这并不是说在餐桌上不能教育孩子。餐桌虽小但意义重大。家长如果能够营造一个愉快、舒适的进餐环境，就等于搭建了一座和孩子良好沟通的桥梁。在愉快的环境当中，孩子有发表自己"高见"和讲述"新闻"的机会，这样既有利于孩子语言表达能力的发展，又有利于父母了解孩子的内心世界，同时还有利于活跃进餐时的气氛。

第10讲

批评孩子要留有余地

没有规矩，不成方圆。家长必须通过批评和惩罚，矫正孩子才能让孩子成器成才。批评绝不是大声呵斥、无休止的指责和一味的贬低，这种批评只会矫枉过正，使亲子关系扭曲变形。父母批评孩子的语言必须留有余地，如果能给"苦口"的批评巧妙地裹上"糖衣"，那就再好不过了。

1. 不要一味贬低孩子

伍明活泼聪明，刚五岁就会背唐诗、数数、画画，在幼儿园里经常受到老师的表扬。可是伍明却总得不到爸爸的肯定，相反，爸爸常常批评他。有一次，伍明画画得了三等奖，当他兴冲冲地跑回家拿给爸爸看时，爸爸却说："别忘乎所以，你只得了三等奖。"如果伍明成绩不好，爸爸又会说："你真是猪脑子！"

在爸爸的一味地贬低下，伍明渐渐对什么事都不感兴趣，干什么都提不起精神来了。

故意轻视、贬低孩子的能力，是精神惩罚的一种表现。有的家长为防止孩子产生骄傲情绪，一味贬低孩子的进步，盲目地拿别的孩子的长处和自己孩子的短处相比，责骂训斥、讽刺挖苦，使孩子看不到自己的长处，从小就萌生自卑意识。

读小学三年级的冬冬一次考试没考好，妈妈看在眼里，急在心里，于是便大开"骂戒"："你真是猪脑子！连小学都学不好，长大了会有什么出息！"

家长不是理智地去分析孩子考试失利的原因，帮助孩子找到补救的办法，而是恣意对孩子全盘否定。这种辱骂对孩子的自尊心会造成极大的伤害，时间一长，孩子也会认同家长的这种看法，对学习失去原来的信心。

六岁的侯武武在妈妈的监督下趴在小书桌上做作业，刚开始他还乖乖地，但只要妈妈一扭过头去，他就开始在作业本上画小人。后来被妈妈发现了，

把话说到孩子心里去

她很生气，大声呵斥道："你这个没用的东西！"

小武武对这句话的理解是：妈妈这样说就是在否定自己的能力。七岁之前，大多数孩子只能按照字面意思来理解大人的话，他们还没有足够的能力区分哪些话应该当真，哪些话只是父母在气头上说说而已。他们会因为被父母说成"你这个没用的东西"而感到伤心。

因此，家长的批评应针对孩子的具体行为，而不是人格，还应该给孩子指出正确的行为方式。武武的妈妈完全可以这样说："你可以画小人，但八点以前你必须把所有功课写完。"必要时，父母还可以强调一下这种错误行为的后果，如："如果你不能在半小时内把作业写完，就赶不上看你最喜欢的动画片了！"

黎大业是名高一男生，他很聪明，自尊心强。望子成龙的母亲相信只有严厉管教才能让孩子学有所成。大业读小学时就很爱撒谎，常常逃课去网吧。每次母亲都会严厉地责骂他："你这个没用的东西！一辈子都不会有出息的！"升到初中后成绩更是一路下滑。现在母亲最担心的情况出现了，孩子没有学习自觉性了。

提起学习和生活，黎大业显得很痛苦。他说无论在家还是在学校，妈妈事事都要管他。他拼命想摆脱妈妈无止境的唠和批评，取得成绩后的夸奖对他来讲是种非常难得的享受。

一个自尊心从小就受过挫折的人，会出现很多心理行为障碍，诸如自我否定、缺乏爱心、焦虑等，长大后也难以适应社会，甚至会走上邪路。

批评孩子要客观，就孩子所犯错误本身讲道理，提要求，不要加入过多的感情色彩，张口闭口用侮辱性、贬低性语言："你真没出息""你真蠢""你真是猪脑子"……如此责骂不休，不仅不能把孩子往正道上引，还会让孩子失去信心，破罐子破摔。

　　孩子出息与否，做父母的要从长计议，不能一棒子打下去，把孩子看扁了。父母对孩子的否定，会让孩子从小在"一锤定音"的消极定论中丧失勇气和斗志。批评孩子应该恰如其分，留有余地，在客观公正地指出错误后，还要用积极肯定的语言对孩子给予正面引导。

2. 以乐观的方式批评孩子

父母都希望把孩子塑造成一个乐观的人，因为乐观对孩子的健康成长和成功都会起积极作用。

乐观是一种性格或个性倾向，它是指人精神愉快，能看到事物比较有利的一面，对事物的发展充满信心。心理学家认为，乐观的态度是高情商的一个具体表现和重要指标。

美国心理学家马丁·塞利格曼长期从事习得性无助、抑郁、乐观主义、悲观主义等方面的研究，通过研究他得出这样的结论：乐观不仅是比较迷人的性格特征，而且能使人对生活中的许多困难产生免疫力。塞利格曼的研究发现，即使孩子天生不具备乐观性格，也可以后天培养孩子形成这种性格。

塞利格曼还指出：父母批评孩子的方式正确与否，会显著影响孩子日后性格是乐观还是悲观。过度批评会给孩子造成内疚和羞辱感，超过了使孩子改错的度。父母对孩子的批评应该恰如其分，不应把几次错误夸大成永久性的过失。乐观批评的方式还要求父母实事求是地解释问题，指出孩子犯错误的具体原因，使孩子明白自己所犯的错误本来是可以避免的，并知道从何处着手改变。

美国教育专家、全美畅销书籍《EQ之门：如何培养高情商的孩子》的作者劳伦斯·沙皮罗指出：情商与智商相比，遗传成分要少得多，要培养孩子乐观的态度首先家长或教师应该具有乐观主义精神，充当孩子模仿的表率；其次，在批评孩子时应采用乐观的方式，乐观的方式要求批评恰如其分。

下面是劳伦斯·沙皮罗讲述的具体事例：

8岁的苏茜准备与朋友去野餐。尽管父母已经说过三次要求她出去前把房间打扫干净，但她还是把父母的话当成耳边风，房间里乱得一团糟就出去了。

那天早晨正好有位房地产代理商要来看房子，因而当看到苏茜的房间还没有打扫时，父母非常生气，不得不匆匆忙忙地替苏茜打扫了房间。

那天下午苏茜回家后，母亲满脸怒气，立即把她带到卧室，告诉她自己为什么生气。

面对此情此景，如果你是苏茜的母亲，会如何批评女儿呢？

劳伦斯·沙皮罗分析说，如果此时母亲采取的是乐观的方式，她可能会说：

"你给我造成了很大不便，我们非常生气。"

（劳伦斯·沙皮罗的分析＜下同＞：母亲的批评是肯定的，并且准确地表达了自己的感受。）

"我们跟你讲过三遍，要你打扫一下自己的房间。但每次你都拖拖拉拉，坚持不打扫。"

（分析：母亲准确地描述了所发生的事情，并把苏茜的问题说成是暂时性的。）

"今天有房地产代理商要来，你不打扫自己的房间，我们就得替你做，结果耽误了其他重要的事。保持你房间的干净、整洁，是你自己的责任，而不是我们的。"

（分析：母亲只是描述了所发生的事情、问题的原因和结果，她的责备是正确的。）

"我要你在你自己的房间里待15分钟，好好想想我说的对不对。然后告诉我，今后你会如何保持房间整洁，保证这类事不再发生。至少要写出三条解决问题的办法。"

（分析：15分钟是8岁孩子考虑问题比较实际的时间，苏茜的母亲给她布置了一个很实际的任务，用这种方式来结束这个问题是合适的。）

把话说到孩子心里去

劳伦斯·沙皮罗分析说，如果母亲采取的是悲观的方式，则可能这样说话：

"你为什么总是这么不体谅人？你的行为把我气疯了！"

（分析："总是"一词意味着问题很普遍，而且永远不会改变。母亲的情感反应太过分了，会给孩子造成太多的内疚感。）

"我跟你说过无数次，要你保持房间干净，但你就是不听！你是怎么啦？"

（分析：母亲把问题说成是普遍性的"无数次"，永久性的"你就是不听"，借此让孩子产生内疚。她还进一步暗指孩子性格中就有某些缺陷。）

"今天早晨房地产商来了，几乎是一场灾难！人们说进屋的第一印象会造成天大的不同。你有可能使我们失去一位难得的代理商，会使房价降低几千美元。这就意味着我们买不起新房子了！"

（分析：母亲把事情描述成一场灾难，她暗指女儿的一次疏忽很有可能会毁掉全家的生活。）

"现在我要你待在房间里，好好想想你干的一切。"

（这一惩罚是不确定的，没有针对性。女儿有时间来思考，产生内疚，却没有机会学会或做些什么事，来弥补自己的过失。）

从这两种截然不同的批评方式中，家长一定可以感悟到成人乐观或悲观的态度对孩子个性塑造的影响，一定会及时调整自己的语言和谈话方式，有信心把孩子培养成乐观的人。

3. 含蓄委婉，迂回暗示

　　许多家长在批评孩子时由于语言太直接、太尖锐，造成亲子冲突、对立，做父母的大动肝火，孩子"宁死不屈"，最后也没能解决问题。不少父母都感到困惑：自己尽心尽责地教育孩子，一门心思为孩子好，为什么他们就不懂父母的心呢？难道孩子犯错后就不该批评吗？

　　孩子犯错，父母进行批评教育，不仅应该，而且是必须。问题是，批评的语言能否含蓄一点、婉转一点，能否用迂回暗示的方法，启发孩子自觉认识错误、心甘情愿地接受批评教育呢？家长果真能这样做，会收到事半功倍的批评效果。

　　下面这个真实的故事，相信能给家长们以启发。

　　美国前总统柯立芝的女秘书长得非常漂亮，但工作经常出现差错。一天早晨，柯立芝看见女秘书走进办公室，便对她说："今天你穿的这身衣服真漂亮，正适合你这样年轻的小姐。"女秘书受宠若惊。柯立芝接着说，"但你不要骄傲，我相信你处理的公文也能和你一样漂亮。"

　　果然，从那天起，女秘书处理公文时很少出错。

　　一位朋友好奇地问柯立芝："这个方法很妙，你是怎么想出来的？"

　　柯立芝说："这很简单，你看过理发师给人刮胡子要先涂肥皂水么。这是为什么呢？就是为刮起来不疼。"

　　许多做父母的在批评教育孩子时，总是抱着这样一个观念：良药苦口利于病，忠言逆耳利于行。殊不知，良药若是苦得让人难以入口，功效从何而来？忠言若是逆得进不了耳朵，何来作用？上述事例中，美国前总统柯立芝的批评方法告诉人们：良药未必苦口，忠言未必逆耳，但更利于行。为什么呢？因为人的心理容易接受肯定、赞美、欣赏的信息，排斥否定、批评、讽

把话说到孩子心里去

刺、挖苦的语言。教育和批评孩子同样必须遵循人类心理发展的规律才能收到预期的良好效果。

要想改变一个人而又不伤感情，甚至让对方感激和更喜欢你，最有效的是赞美，间接暗示对方，提醒其注意自己犯的错误。

父母赏识、爱护、体贴孩子，孩子就会把人性中最美、最好的一面展示出来；反之，一味地恶语中伤、责怪甚至打骂孩子，逆反心理驱使他们把身上最丑陋的东西暴露无遗，这与家长抑恶扬善的初衷是完全相悖的。

父母批评教育孩子，无一不是出于爱的目的，只有让孩子得到被爱的体验时，才能从心里真正接受批评，进而改正不足。

当面直接尖锐地指责孩子，只会造成孩子顽强的反抗；巧妙地暗示孩子注意自己的错误，则会受到爱戴和喜欢。

"小杰，我们都以你为荣，你这个学期的成绩进步了，而且，只要你下个学期继续努力，你的代数成绩也肯定会比别人高的。"

父母用这种非常高超的委婉的说话方式，让小杰知道父母要他改进代数课的学习。可以让人确信的是，小杰必定会向着这个期望努力。

家长还可以通过讲故事、寓言的方式来达到委婉批评孩子的目的。

有位聪明的妈妈，当她那上幼儿园的儿子做错事而且不认错时，她总是耐心地坐下来讲个故事给儿子听，故事里总有个孩子或者什么小动物做了类似的错事。

讲完后，妈妈就问儿子："故事里那个孩子（那个动物）错在哪里？"

儿子按照妈妈的引导去批评故事里的孩子（动物）。过了一会儿，儿子领悟道："妈妈，刚才我也做错了事。"

运用含蓄暗示的方式传达批评的意思，表明一个道理，既生动形象、通俗易懂，又不使孩子尴尬乃至反感，容易被诚恳接受。家长何乐而不为呢？

4. 人前不教子，
给孩子面子

有不少家长错误地认为，孩子这么小，哪来的面子？这种想法实在大错特错！孩子一出生，他的面子就开始有了，并且大得很，比大人的大，比父母的大！

中国有这样一句家教谚语，叫作"堂前教子，枕边教妻"，意思是说，孩子没有什么面子，在什么地方教育都可以；而妻子有面子，应该在枕边这种隐秘的地方才能教育。中国还有一句这样的老话："官打不羞，父母打不羞，老师打不羞。"这也是不顾及孩子面子的"混账话"。

虽说中国人都爱念叨"孩子是自己的好"，但和外人在一起时，还是要数说自己孩子的不足。"我们家小胖儿不如你家黑子聪明""我们妞妞不像你们闺女那么秀气"。其实每个父母心里都想说"我们家的孩子最好"，可嘴里硬是要贬低自己孩子，找找毛病，假装谦虚。

在西方，情况却截然相反，父母从不在别人的面前贬低自己的孩子，而是为自己的孩子感到自豪。

妈妈带五岁半的杰克去上他的第一次游泳课，小杰克没有像其他小朋友那样勇敢地跳进水里，老师把这件事告诉了他的母亲。杰克妈妈觉得很有趣，她没有当着许多同学和教师的面批评儿子，而是鼓励孩子说："没关系的！我真高兴有你这样的孩子，你会学会游泳的。我小时候学游泳比你还胆小，后来也很快就学会了。"

后来，当别的孩子还用手扶着浮漂游泳时，杰克已经能自如地空手游了。

父母想让孩子听进自己批评的"逆耳之言"，就必须注意处处给孩子留有余地留足面子。尽量做到"人前不教子",特别是不要在孩子的同学面前批评孩子,使孩子"颜面大失"。

调查表明,很多孩子都认为在大人面前挨父母批评,即使是"大批特批"也能忍受,可是在自己同学、同伴面前被父母指责,那是很难受的。这是孩子的心声,家长一定要记在心上。

要着重提醒父母的是:千万不要在孩子的异性同伴和同学面前批评孩子,说孩子的缺点。因为很多事实证明,在异性同伴面前,如果父母不顾孩子的面子管教他们,孩子的逆反心理就会异常强烈。

即使在大人面前,聪明的家长也不能对孩子加以"指责",更不要说"大批特批"。孩子为什么能够忍受在大人前面被父母指责呢?这是"习惯成自然",一种无可奈何的选择。可是家长能不能不给孩子提供这种选择的机会呢?因为这样的选择会破坏和谐的亲子关系,使父母的批评语言适得其反,影响家庭教育的效果。

5. 不"扩大化"，不"翻旧账"

　　家长就某一问题批评孩子时，一定要就事论事，有什么问题谈什么问题，干净利索，切勿借题发挥、把问题扩大化，甚至揪住历史问题不放。

　　有些家长在气头上就容易联想，喜欢把孩子过去的老底都翻出来，絮絮叨叨，没完没了，这样做只会加大解决问题的难度，增加孩子的反感。

　　以下是一对父子的谈话：

　　"你到哪里去？"

　　"和朋友出去。"

　　"到底和谁去？"

　　"初中的老同学、王姨家的巍巍、八楼的德胜和后街的顺子。"

　　"顺子？是不是在毕业前出事的那个顺子？"

　　"老爸记性真好。"

　　"我告诉过你，不要和顺子来往。那孩子太捣蛋了，差一点没被开除。上次你们几个就是因为他，差点闯大祸。你们这次去哪里？"

　　"我们去商场。"

　　"不买不卖到商场干什么？"

　　"不干什么，就是逛逛。"

　　"简直是浪费时间！年轻人不在家好好学习，到处闲逛，再加上那个顺子不出事才怪呢。你功课做完了没有？上次考成那个样子还好意思出去闲逛。"

　　"老爸，有完没完？您想象力真丰富，不就是出去玩吗？啰啰嗦嗦，你烦不烦？"

　　"小子，你给我说话放尊重点。老老实实早点回来，要不然有你好看的。"

这样的对话可能在很多家长和孩子身上都发生过。在有些家长看来，这也许正是个批评教育孩子的好机会。可这样的教育效果会好吗？正如对话中的儿子所说的，不就是出去逛逛吗？本来就是件小事，却被父亲上纲上线，弄得这么复杂。复杂化的主要原因是父亲没有做到就事论事。如果父亲意识到无限的引申只会影响父子之间的关系，这位父亲肯定会控制自己的联想力。

在这段短短的谈话中，联想力丰富的父亲有两处就翻了儿子的旧账：上次你们几个一起……上次考成那个样子……

孩子最厌恶父母只要他一犯错误，就把陈年老账翻出来。

有的父母喜欢一旦孩子犯了错误，就把前几个小时，前几天，甚至是前几个月的错事都搬出来："你说你这孩子，上个星期上课不好好听讲，挨了老师批评，昨天作业错得一塌糊涂，今天作业还没做完就开始看电视。"

很多家长惩罚训教孩子时总忘不了东扯西拉，说出孩子的种种不是来，有的甚至将孩子说得一无是处，直至忘记了本次训教的主题。

孩子会怎么想呢？反正自己没有一处是对的，以前取得的成绩、改正的缺点家长都看不到，自己天生是挨训该罚的料（有的甚至认为父母是在找碴整他）……也因此对改错失去了信心，破罐子破摔、我行我素，这样的教育效果可想而知。所以，家长教训惩罚孩子务必就事论事，切勿搞牵连、翻陈账。

一次不良行为应该只被批评一次，不能因为一次行为就连续受到批评。早晨犯了错，批评后，就完了。在中午吃饭的时候又念念不休，不停地对孩子斥责："你说你今天做了什么好事，一大早就把碗摔破了。"这种唠叨式的反复责备只会引起孩子的抵触情绪。批评孩子，不需要太多的理由，一次不良行为就足够了。

6. 斥责孩子忌大声

当孩子淘气，或犯了错误时，很多家长常常大声训斥孩子。其原因很大程度上是因为家长非常生气，另外，有的家长还认为，若在责备孩子时声音过小，无法引起孩子的足够重视，收不到良好效果。

然而，事实并非如此。

当家长对孩子大声嚷嚷、横加斥责时，孩子当时的确给镇住了。但当孩子惊骇于家长发怒这个行为时，心里只在念叨怎么样才能尽快结束，哪有时间去思考家长责备的内容、去反思自己的过错。若孩子年龄较大，他们还会对家长这种斥责方式产生对抗情绪，这只会加剧对立，激化亲子间矛盾。

如果家长控制住自己的情绪，不是大声呵斥，而是平心静气地向孩子低声好好说，能产生良好的批评效果。

其一，能集中孩子的注意力。孩子犯了错误，心里七上八下，正在担心不知父母要以什么样的方式责罚自己呢，却见父母不发怒，反而以异常平静的语调跟自己谈论这件事，反而产生好奇心，想听清父母到底要说什么。同时孩子还可以从父母这异乎寻常的举动中感受到父母郑重的态度，促使孩子重视父母的话。

其二，能促使家长保持理智。家长们先要控制自己的情绪，平静地对孩子说话；这也反过来进一步促使家长保持理智。家长们大声嚷嚷，多数情况下都是一时冲动，事后也会后悔，觉得自己当时不应该发那么大的火。平心静气地说话可避免这种情况的发生，冷却孩子亢奋的情绪，本来就是教育、说服的必要条件。若家长自己先情绪失控，那又怎样去引导孩子呢？家长保持理智，也能更客观、准确地分析孩子的错误，能更好地让孩子接受。

其三，能让孩子感到被尊重。小声地说，是向孩子表示这话是说给他一个人听的，谈话仅局限于两人之间，这不仅能吸引孩子的兴趣，还可使他感受到家长对自己的尊重。尤其在有其他人在场的时候，家长轻声细语地批评孩子，没有让孩子丢面子，他会感激父母，也就乐于接受父母的教诲了。

家长在自己情绪欠佳时，尽量不要去责备孩子。因为这时情绪控制是很困难的，即使心里想冷静一些，但过火的话也难免脱口而出。情绪化的批评斥责，往往只会适得其反。

7. 慎重使用批评性体态语言

　　家长与孩子长期共处，对彼此体态语言的微妙性把握得细腻、及时、准确，因此，在批评时可以运用体态语言向孩子传达自己的观点和态度。但是，父母应该明白，表示批评和惩戒的体态语言都是消极性的体态语，要特别注意运用场合和分寸，否则会影响亲子感情，使批评的效果适得其反。

　　倒背双臂注意场合。倒背双臂这一体态所传达的是权威信号，父母对孩子不满或批评孩子时经常倒背双臂，孩子从中感觉到父母的威严。父母在监督或惩戒孩子做某件事情时可以采取这种体态。但是在一些普通场合，比如和孩子谈话时，不应把双臂倒背起来，因为这样做会给孩子一种高高在上、盛气凌人的感觉，让孩子产生心理压力，妨碍亲子间的情感交流。

　　灵活运用双臂交叉胸前。美国的一位体态研究者曾做过一次实验：在一次会议上，他故意诬蔑听众所熟知和佩服的几位名人，他的这种讲话持续了一段时间，突然停止下来，并要求听众不要动，保持他们刚才的体态。结果发现：90%的人保持双臂交叉于胸前的姿势。可见，当人对某件事持有不同意见时，喜欢采取双臂交叉胸前的体态语言。很多父母也常会不自觉地使用这种体态语表示否定态度，但这种体态会给孩子一种压力或蔑视的感觉，不利于亲子间的感情沟通与交流。当然，双臂交叉胸前并非完全是消极的，有时给人一种休闲自在的感觉。父母与孩子谈心时，如果辅以微笑，也能给人以平易近人、和蔼可亲的感觉。所以，对于双臂交叉于胸前这一体态父母要灵活掌握，避免副作用。

慎用漠视眼神。有些父母对孩子提出的无理要求，只是随意地用眼睛一瞥，或者看都不看一下，用漠然的态度把孩子晾在一边，就等于拒绝了孩子的要求，同时也起到了批评和惩戒作用。但是，这也是最伤害孩子自尊心的一种体态语言。当孩子兴冲冲地跟父母说一件事，父母漠然视之，好像孩子没有出现一样，会让孩子觉得很伤心，对孩子的热情和心理造成伤害。因此，父母要慎用这种体态语言，即使用以批评和惩戒孩子，也要与口头语言相结合，给孩子讲清道理。

控制瞪眼频率。瞪眼一般表达强烈的反对和生气情绪，是发怒时的一种面部表情。父母适当采用这种体态语言，对孩子的严重不端行为会起到威慑作用，可以暂时中止孩子的一些不良行为。但是，父母的瞪眼频率也应该有意加以控制，因为大人在生气发怒时，二目圆睁，双眉倒竖，一副凶神恶煞的样子，长久下去没有太多的好处，会加剧亲子关系的恶化，让孩子敬而远之。因此，当孩子让大人非常生气时，最好先不要瞪眼发怒，克制情绪，冷静思考对策才是最重要的。

第 11 讲

激赏孩子应掌握分寸

树木成长离不开阳光和空气，孩子成才离不开父母的激励和赞赏。激赏孩子并不只是简单地说"你真棒""你能行"等笼统概括的话。激赏孩子的话越具体、越生动、越多样，效果越好。如果父母夸奖孩子不能恰当地掌握分寸，可能导致孩子的骄傲和矜持。如果父母仅凭孩子的考试分数"论功行赏"，极可能损害孩子的全面协调发展。

1. 孩子心里最深层的需要

美国伟大的成功学家拿破仑·希尔小时候被公认为是一个坏孩子，家人和邻居甚至认为他是一个应该下地狱的人。无论何时出了什么事，诸如牧场的母牛被放跑了，堤坝裂了，或者一棵树神秘地倒了，人们都会怀疑"是小拿破仑·希尔干的"。在这种情况下，拿破仑·希尔破罐子破摔，一心想表现得比别人形容的更坏。

小拿破仑·希尔的母亲去世后，一位新母亲走进了他的家庭。拿破仑·希尔原本以为继母是不会给自己半点同情的，但是继母发现了拿破仑·希尔的优点。在继母的赏识和鼓励下，拿破仑·希尔开始改正自己的缺点，并发奋学习。继母用她深厚的爱和坚定的信心，塑造了一个全新的拿破仑·希尔。拿破仑·希尔在他的名作《人人都能成功》中这样形容继母对自己的影响：

"这个陌生的女人第一次走进我们家的那天，我父亲站在她身后，让她独自应付这个场面。她走进每一个房间，很高兴地问候我们每一个人，直到她走到我面前。我倚墙站着，双手交叠在胸前，凝视着她，眼中没有丝毫欢迎的神色。我的父亲说：'这就是拿破仑·希尔兄弟中最差劲的一个。'

我绝不会忘记我的继母是怎样回应他这句话的。她把双手放在我的双肩上，两眼中闪耀着光辉，凝视着我的眼，这使我意识到我将永远有一个亲爱的人。她说：'这是最差的孩子吗？完全不是。他恰好是这些孩子中最伶俐的一个。我们所要做的，无非是帮他把自己所具有的好品质发挥出来。'

一股暖流涌向我的心底。这一时刻是我生命历程的转折点。我的继母总是鼓励我依靠自身的力量，制订大胆的计划，坚毅地前进。后来证明这种计划就是我事业的支柱。我决不会忘记她教导过我的话：'当你去鼓励别人的时候，你要使他们有信心。'

我的继母造就了我。因为她深厚的爱和不可动摇的信心激励着我，使我努力成为她相信我所能成为的那种孩子。"

心理学家威廉·杰姆斯曾说过："人性最深层的需要就是渴望别人的赞赏，这是人类之所以区别于动物的地方。"孩子心中最深层的需要亦是如此。孩子的成长更渴望得到赞美和赏识。

赏识和激励教育是生命的教育，是爱的教育，是充满人情味、富有生命力的教育。人性中最本质的需求就是渴望得到赏识、尊重、理解和爱，每个人、每个孩子都是为得到赏识而来到人间的。我国教育家陶行知先生曾经说过："教育孩子的全部秘密在于相信孩子和解放孩子。相信孩子、解放孩子，首先要赏识孩子。"

有位妈妈，她第一次参加幼儿园的家长会时就被老师告知："你的儿子太调皮好动了，屁股上像长了钉子，我看你得带他去医院看看是不是得了多动症。"

回家的路上儿子问妈妈，老师跟她说了什么，妈妈说："老师表扬你了，说我的宝贝最近有很大的进步，原来在板凳上只能坐一小会儿，现在居然能坐三分钟了！"孩子听了，眼睛笑成了一弯月牙，回家破天荒地自己吃了两碗饭，没有让妈妈喂。

这位聪明的妈妈就是以这样的方式在保护着孩子的自尊，鼓励着孩子的信心，从幼儿园一直到他高中毕业，不知道有多少次，妈妈把老师的责骂和抱怨，转化成对孩子的肯定与鼓励。直到有一天，儿子把一封名牌大学录取通知书放到妈妈的手里，然后突然转身跑到自己的房间里大哭起来，他边哭边说："妈妈，我知道我不是个聪明的孩子，可是，你一直相信我、鼓励我……"

一句赞美，一次鼓励，可改变孩子的观念与行为！甚至改变孩子的命运！

激赏对于成长中的孩子来说至关重要。真心赞扬孩子，可以帮助他扬长避短；及时激励孩子，可以帮助他建立信心；尊重和信任孩子，可以帮助他自立自强；宽容和理解孩子，可以帮助他重新振作。

有个10岁的男孩在一家工厂做工。他一直想当一名歌星，但是，他的第一位老师却说："你五音不全，不能唱歌。你的歌简直就像是风在吹百叶窗。"

回到家里后，男孩很伤心，并向他的母亲——一位贫穷的农妇哭诉这一切。

母亲用手搂着他，轻轻地说："孩子，其实你很有音乐才能。听一听吧，你今天唱歌时比昨天乐感好多了，妈妈相信你会成为一个出色的歌唱家的！"

听了这些话，孩子的心情好多了，停止了啜泣。

后来，这个孩子成了那个时代著名的歌剧演唱家。他的名字叫恩瑞哥·卡素罗。

卡素罗回忆自己的成功之路时这样说："是母亲那句肯定的话，让我有了今天的成绩。"

请多给孩子一些赏识和激励吧！哪怕所有人都看不起他，父母都应该眼含热泪地去欣赏他、赞扬他、信任他、鼓励他，努力挖掘孩子身上的亮点，为他感到自豪和骄傲，帮助他树立起自信，保持良好的心态，让他在人生的长河中自信自强，脚踏实地，一步步迈入成功的殿堂！

2. 一句最能激励孩子的话

有一句话，具有神奇的力量，一位黑人小女孩在它的激励下，成长为美国最受推崇的女人之一；一位小男孩，在它的激励下，实现了童年的梦想。这句神奇的话是什么呢？

奥普拉·温弗瑞是自幼生长在美国南方的黑人，她有一个十分贫穷的家庭。14岁时奥普拉曾离家出走，整天和小混混们生活在一起。她的母亲无计可施，只好把她交给父亲管教。奥普拉的父亲相信，严格的家规和学习计划对孩子有好处，于是为奥普拉制定了高标准，激励她追求卓越，要求奥普拉在家里和学校都要做读书笔记，每天都得熟记规定的英文单词。他清楚地知道自己所预期的目标是什么，于是他郑重地对奥普拉说："有些人看着奇迹发生，有些人连发生了什么奇迹都不知道，而有些人却能让奇迹发生；你会创造奇迹！"

奥普拉说："我自幼生长在没有水和电的屋子里，人们不会想到我的一生除了在工厂或密西西比的棉花田里干活儿之外，还能有什么成就。父亲的话改变了我的一生，让我明白了事在人为的道理。"奥普拉在父亲的鼓励下，学会了用每一天的努力让奇迹在自己身上发生。

最终，奥普拉·温弗瑞创造了奇迹：成为美国一位著名的电视节目主持人，被誉为"脱口秀女王"，1998年当选为美国最受推崇的女人之一，排名第二，仅次于美国第一夫人希拉里。

其实，任何一个孩子，从他来到这个世界开始，就是一个奇迹。在成长过程中，他会持续不断地创造出更多的奇迹。

把话说到孩子心里去

很久以前，有一个小男孩儿跟着父亲一起过着流浪的生活。因为他父亲是一个流浪的驯马师，所以，小男孩儿从小就跟随着父亲在一个又一个马厩之间、一座又一座赛马场之间、一家又一家农场之间来回奔波。正因为如此，小男孩儿整个的中学阶段几乎都是在东奔西走中度过的，他的功课自然也就学得断断续续。在他中学快毕业的那个学期，有一次，老师要求学生们写一篇作文，谈一谈自己长大以后的理想和志向。

整个晚上，小男孩花了很长时间来写这篇作文，写了整整七页纸。在作文中，他详细叙述了自己的理想。他说，将来希望能拥有一座属于自己的牧马场。不仅如此，他还绘制了一张占地达 200 英亩的牧马场的图纸，并在上面标出了所有建筑物的名称和位置，包括马厩和跑道。他还打算建造一栋占地 4000 平方英尺的大房子。

第二天，他把这篇作文交给了老师。两天之后，老师把作文纸退给了他。他怀着激动的心情打开一看，只见在作文的第一页上，老师用红笔写了一个大大的"F"，旁边还写了一行字："放学后到办公室来见我。"

当这个怀着美好憧憬的小男孩儿来到老师的办公室后，老师说："你的这个理想，简直就是白日做梦，尤其是对像你这样的小男孩儿。你一没有钱，二又出生在一个整天流浪的家庭里，第三你没有足够的才略。你知不知道，要想拥有一座牧马场，那是需要很多钱的。你不仅要买一大片土地，还要买纯种马匹，然后，你还得花很多钱来照顾它们。我劝你就别做白日梦了！"老师停顿了一下，又接着说，"如果你愿意重新写一个比较切合实际的理想的话，我会重新给你打分的。"

小男孩儿回到家里，苦苦思考了很长时间。最后，他决定去问父亲。父亲对他说："听着，孩子，对于这个问题，你必须要自己拿主意。因为，无论如何，我都认为这对你来说是一个非常重要的决定。我相信：你会创造奇迹！"

在父亲的激励下，小男孩儿决定对他的作文不作任何修改，仍旧按照原样交给老师。他对老师说："尽管您可以继续给我'F'，但是，我绝不放弃我的梦想！"

30 年过去了，当年的小男孩儿已是成功的农场主。他名叫芒提·罗伯兹。他在圣思德罗经营着一座占地 200 英亩的牧马场。他常常把他的房子借给当地的慈善机构来举办募捐活动，为处在危险中的青少年募集资金。

直到今天，他还保留着那篇中学时写的作文，并且把它镶在镜框里，挂在壁炉的上方。

那句具有神奇力量的话就是："你会创造奇迹！"

这句话，对孩子来说最具激发力，能激发孩子一往无前的气概，强烈渴望自己真的创造出一个让人惊喜的奇迹。

当你的孩子缺乏自信时，当你的孩子遭遇打击时，当你的孩子彷徨退却时，坚定地对他说："孩子，你会创造奇迹！"

这句具有神奇力量的话，一定会把你的孩子塑造成一个奇迹！

把话说到孩子心里去

3. 称赞孩子的话
尽量具体点

"你真棒！"这样的表扬语对家长来说真是随口而出。在家长眼里，孩子的每一个成长细节都是值得惊叹和赞美的——宝宝会笑了，宝宝会翻身了，宝宝会蹦了，宝宝会说话了……就是在这种不断的惊喜中，家长已经习惯于以"真棒！""真好！"等语来夸奖孩子。

家长随口的夸奖，可能意识不到会带来怎样的消极影响，直到有一天，发现孩子变得害怕失败，经不起一丁点儿挫折……

心理学上，将赞美分成两种类型，即"具体的赞美"和"抽象的赞美"。具体的赞美是指对某种具体的表现或者行为进行称赞。反之，抽象的赞美则是指用笼统的、宽泛的词语来赞美孩子，如"你真棒""好孩子"等。

总是笼统地表扬孩子，会让孩子无所适从。也许孩子只是端了一次饭，妈妈与其兴高采烈地表示"好孩子，你真棒"，不如告诉他"谢谢你帮妈妈端饭，妈妈很开心"。

研究表明，对孩子施以具体赞美效果比抽象的赞美好得多。这是因为，孩子的理解力有限，如果他们一味听到的是父母抽象笼统的赞美，却不知道自己究竟好在哪里，久而久之，就会变得依赖别人的看法，也就是人们常说的"爱听好话"。但具体的赞美就不同，它能让孩子清楚地获知自己究竟好在哪里，会知道自己怎样的行为可以得到别人的认可，并朝这个方向努力。

"好孩子"是典型的夸人的词语，家长们会无心地将其挂在嘴边。但"好"是一个很虚无的概念，如果孩子总被扣上这样一顶大帽子，对他反而是种压力。

成年人可以换个角度考虑一下自己的经历，当领导夸奖时，你可能开始还会沾沾自喜，但慢慢地就会感觉到压力，甚至不想做得完美，以期得到喘息的机会。

　　家长要真正做到"夸具体""夸努力"，首先要对孩子做事情的整个过程有所了解。有时你亲眼看见孩子付出的努力，在总结孩子成绩的时候，不妨把自己的所见所闻说出来。比如孩子写完作文后，你可以说："文章的开头很好，你能想出这样的开头实在不容易；中间的描述能感觉出你经过了仔细地观察。结尾的一句话也比较精彩，用它来点题很恰当……"这样，你把孩子在作文上所花费的辛苦一一说了出来，愉快自信的笑容立刻就会洋溢在孩子的脸上。

　　如果你没有亲眼见到孩子的努力也没关系，你可以用提问的方式让孩子自己说出努力的过程，这中间不失时机地加以适当的点评，同样是给孩子非常有益的赞美。

　　夸孩子别嫌"唆"。孩子表现好时，家长的第一反应就是"你真棒"，看起来既省事又符合赞赏教育精神。其实这样的表扬多了，对孩子毫无意义。

　　当了解了"夸具体"原则时，很多家长开始很难适应，不知道除此之外还能说些什么。很简单，教你一招——好话不嫌"唆"，看看上述有益的表扬语，哪一句不比"你真棒"唆？这就意味着要用更多的话语描述孩子的努力，结果自然引起孩子共鸣，夸奖的目的也就达到了。

　　称赞孩子的具体描述性的语句以及孩子由此得出的积极结论是精神健康的基石。孩子从父母的话中对自己作出评价，事后还会默默地对自己重申，这会使他对自己及周围的世界抱有积极看法。

4. 夸孩子漂亮，
不如夸他的品质

有一位到北欧某国做访问学者的人经历过这样一件事：

周末，她到当地的一位教授家中做客。

一进门，她就看到了教授5岁的小女儿。小女孩满头金发，漂亮的蓝眼睛让人觉得特别清新。她不禁在心里称赞小女孩长得漂亮。

当她把从中国带来的礼物送给小女孩的时候，小女孩微笑着向她道谢。这时，她禁不住夸奖道："你长得这么漂亮，真是可爱极了！"

这种夸奖是中国父母最喜欢的，但是，那位北欧教授却并不领情。在小女孩离开后，教授的脸色一下子就阴沉下来，并对中国访问学者说："你伤害了我的女儿，你要向她道歉。"

访问学者非常惊奇，说："我只是夸奖了你女儿，并没有伤害她呀！"但是，教授坚决地摇了摇头，说："你是因为她的漂亮而夸奖她。但漂亮这件事，不是她的功劳，这取决于我和她父亲的遗传基因，与她个人基本上没有关系。但孩子还很小，不会分辨，你的夸奖就会让她认为这是她的本领。而且她一旦认为天生的漂亮是值得骄傲的资本，就会看不起长相平平甚至丑陋的孩子，这就给她造成了误区。"

"其实，你可以夸奖她的微笑和有礼貌，这是她自己努力的结果。所以，"教授耸耸肩说，"请你为你刚才的夸奖道歉。"

中国的访问学者只好很正式地向教授的小女儿道了歉，同时赞扬了她的微笑和礼貌。

这件事让这位访问学者明白了一个道理：夸奖孩子的时候，最好夸奖孩子通过自己的努力形成的品质，而不应该夸奖孩子的外表的漂亮。因为外表漂亮是先天的优势，而不是值得炫耀的资本和技能；美好的品质则不然，它是孩子后天努力得来的，应该予以肯定。

孩子的容貌如何不能决定孩子以后生活得怎样。大多数情况下，个人努力和品质才是决定孩子今后生存状态的重要因素。

漂亮是一种个人资源，从大人到孩子，人们都会为自己拥有这一资源而自信和自豪。所以，女孩子都愿意别人夸自己漂亮，男孩子都愿意别人夸自己帅。如果一味夸孩子的长相，会误导孩子过分注重自己的外表，注重于穿衣打扮，而轻视个人美好品质的塑造。很显然，没有一个父母希望自己的孩子将来仅凭长相生存，因为那是非常危险的。

5. 夸孩子聪明，
不如夸他努力

美国的研究人员让幼儿园孩子解决了一些难题，然后，对一半的孩子说："答对了 8 道题，你们很聪明。"对另一半说："答对 8 道题，你们很努力。"接着给他们两种任务选择：一种是可能出一些差错，但最终能学到新东西的任务；另一种是有把握能够做得非常好的。结果 2/3 的被夸聪明的孩子选择容易完成的；被夸努力的孩子 90% 选择了具有挑战性的任务。

那些经常被称赞为聪明的孩子，往往把分数看成自己的聪明所得，把分数高低看得比什么都重要，一遇挫折就容易灰心，不愿意也不敢接受新的挑战；而那些被夸努力的孩子，则更愿意进行新的大胆尝试，会尽自己最大努力把它们做好。

家长对孩子的每一个进步如果都用聪明来定义，结果只能让孩子觉得好成绩是与聪明划等号的。一方面他会变得自负而非自信；另一方面，他面对挑战会采取回避态度，因为不想出现与聪明不相符的结果。

美国《个性与社会心理学》杂志发表的一篇研究报告说："如果小孩子因为在校成绩好或天资聪颖而受到激励，这对他们可能有害无益。因为小孩子学习成绩优异就激励他们，结果会使他们认为，与学习新东西相比，追求高分更重要。"

这篇报告的主要作者、纽约哥伦比亚大学的德韦克说："如果总是激励自己的孩子天资聪颖，就会使他们养成患得患失的毛病，比如害怕失败、不敢做任何大胆的尝试等。"

报告还指出，如果孩子在取得好分数后就夸奖他们聪明，这会使他们在日后的学习中经受不起失败的挫折，因为孩子很可能因得了低分就抱怨自己太笨，而这又是与生俱来、无法改变的；但是，如果孩子因为在学习过程中用功而受夸奖，当他们学习成绩不理想时，他们就会反省自己的学习方法，付出更多的努力。

这些研究结果对解释这样一种现象可能会有所帮助，那就是：为什么一些很聪明的孩子在低年级时学习成绩很好，但在升到高年级之后，学习就落后了。报告说，父母或教师在激励这些孩子聪明伶俐的同时，可能也抑制了他们以后的学习动力，他们会认为不需要付出太多努力就可以取得好的成绩。

所以，与其夸孩子聪明，不如赞赏他们努力的过程。当孩子取得好的成果时，不要只是赞美他们的成果，而应该进一步赞赏他的用功过程，以培养孩子真正的自信心。

例如孩子用积木搭了一座小房子，父母与其赞美这座房子如何漂亮，不如说："搭得这么漂亮，一定是动了不少脑筋、费了一番功夫吧？"孩子听了之后，一定会觉得更心满意足了，认为自己的苦心得到了回报。然后，他可能会充满自信而骄傲地说："我还会搭火箭呢！"

从这充满挑战意味的话中，可以看出，孩子是要证明自己的能力不止于此，还具备更强的潜能呢。

如果只是被赞美结果的优异，孩子的能力可能就停留在这种水平了；如果进一步夸奖成功过程中的努力，孩子就会有一种没白费心机的成就感。在这种成就感的激励下，孩子不仅会信心百倍，还会激起更强烈的挑战心理，证明自己的能力并非仅限于此，这时孩子更进一步地主动发掘自身的潜能极为有利。

作为父母，不妨故意淡忘孩子的聪明，而重视孩子的努力，并把这种理念传递给孩子，让他感觉到只有努力才能获得父母的认可和夸奖，进而逐步明白一个道理：聪明只能决定一时的成败，而努力决定一生的命运。

当孩子在学习或其他方面取得优异成绩时，不要把这个成绩归功于孩子的先天优势，而是把关注点集中在孩子的后天努力上。应该告诉他："成绩真不错，这都是你努力学习的结果！"

当孩子通过自己的努力做成功一件事儿时，父母应该这样赏识和赞扬他："你真是个努力的好孩子！"

6. 分数并非赞美
孩子的唯一原因

在赏识孩子时，有一部分父母的做法是欠妥的——只赞美孩子的分数和成绩。不知这些父母是被当今社会激烈的职场竞争给吓到了，还是真的以为孩子的学习成绩好就代表全部的好，总之这部分的父母，眼睛里似乎只看得到孩子的作业和考试的分数。

作文得了优、语文数学考了双百分、英语口语得了全年级第一……这些固然可以成为父母赞美孩子的原因，但绝对不能是唯一的原因。

那些作文水平普通，但却彬彬有礼、待人友善、热心公益的孩子，值不值得赞美？那些考试成绩平平，但却和同学相处有道、颇有人缘的孩子，值不值得赞美？那些英语讲得一般，但心底宽厚、包容豁达、尊老爱幼的孩子，值不值得赞美？

这些问题不是没有来由的，确实有太多父母"我的眼里只有你——分数"，忽视了孩子身上真正的无价之宝——均衡的情商发展和良好的道德品质。或许有些父母会说，情商和道德太缥缈，又不能给孩子在考大学的时候加分。但事实是：考上了大学的孩子，并不代表他们一定会有一个光明的未来；而那些情商发达、道德优秀的孩子，无论处在哪里，都会很快地适应周围的人际环境，同时也会很顺利地被周遭环境所容纳——在这样一种融洽的氛围里，你还怕孩子过得不开心、不如意吗？孩子要是过得很开心如意，父母又哪来那么多气可生呢？

因此，为人父母者，应该彻底放弃"功利"二字，以一种博大的视野关注孩子的成长，给他赞美，给他无条件的爱，给他奖励——不仅仅是在孩子考了好成绩的时候。

7. 鼓励孩子挑战挫折和失败

人生不如意事十有八九，每个人都要经历这样或那样的失败和挫折，要想获得成功，就要经历千百次的尝试和努力。孩子的成长也是一样，当他努力去做一件事情时，等待他的很可能并不是成功，而是挫折和失败。这时，父母就应当及时给予他鼓励，让他鼓起勇气，再试一次、两次甚至更多次，直到成功。

春节期间，明明从电视上看到欢庆春节的热闹场面总少不了踩高跷，于是产生了浓厚的兴趣，央求爸爸给他买高跷。

爸爸心想让孩子学高跷可以锻炼孩子的胆量和意志，于是就到市场上买了一副。

爸爸让明明坐在椅子上，很认真地给他绑好了高跷："好了，站起来吧！"

明明兴奋地想站起来，可是刚一动身，却又坐在了椅子上。

"怎么了？怎么不站起来？"爸爸问他。

"我怕摔倒。"

"没关系，站起来，往前走。"爸爸鼓励他。

明明鼓起勇气，晃晃悠悠地站了起来，可是刚迈了一步，就立足不稳，摔了一跤。明明的脸上顿时没有了刚开始时兴奋的表情，而是一脸恐惧。

"摔跤没什么的，不管是谁，刚开始学的时候都要摔跤；不摔跤是学不会的。来，再试一次！"爸爸拍拍儿子的肩膀说，"不用怕，爸爸小时候也是这样学的，鼓起勇气，一会儿就学会了，继续！"

明明虽然很害怕，但还是默默地点了点头。

"脚下要动起来，看着前方，别害怕！"

就这样，在爸爸的一次次的鼓励之下，明明学会了踩高跷。

当孩子为失败感到恐惧或难过时，父母不应以怜悯的态度对待孩子，或者在孩子面前唉声叹气，更不能责骂孩子。正确的方法应该是让孩子明白，失败没有什么大不了的，这次不行，下次再来；多试几次，总会取得成功。

科学家做过这样一个实验：

他们把一条梭鱼放进一个有许多小鱼的水池里，只要梭鱼饿了，张张嘴，就可以把小鱼吞进肚子里。过了一段时间，科学家用一个玻璃瓶罩住了梭鱼。开始时，小鱼在瓶子外面游来游去，梭鱼就冲上去，企图吞食小鱼，但每次都撞在了瓶壁上。慢慢地，梭鱼的冲撞越来越少，最后，它完全绝望了，放弃了捕食小鱼的所有努力。

这时，科学家取走了罩住梭鱼的玻璃瓶，但这时候备受打击的梭鱼已经没有了斗志。无论有多少小鱼在它的身边甚至嘴边游来游去，它都不会再张嘴。最后，这条可怜的梭鱼就这么活活饿死了。

无数次的碰壁后，梭鱼开始怀疑自己捕鱼的能力，最后彻底绝望了。孩子从小到大，不可避免地会碰到很多挫折。如果孩子在受挫后得不到适当的引导和鼓励，甚至听到父母的贬低和嘲讽，就会渐渐失去自信，变得软弱和退缩，成为一条绝望的"梭鱼"。

小锋八九岁的时候，看到小伙伴们都开始学自行车，于是也想学。小孩学自行车，最困难的一个环节是跨上自行车。小锋学得很认真，但是为了能够跨上自行车，却吃了不少苦头，经常连车带人摔倒在地。

在旁边扶着的父亲脾气很暴躁，一看小锋摔倒，就着急上火，大声地训斥小锋"笨蛋""没出息"。

后来，小锋在父亲的骂声中不仅没有进步，反而越来越胆小，最后连跨上自行车的勇气都没有了。

小锋最终也没有学会骑自行车，他对学自行车充满恐惧。虽然后来也尝试过几次，但心理的障碍让他每次都失败而返。

失败和挫折是令人沮丧的，而别人的讽刺更让人难过。当孩子遭遇失败和挫折时，父母一句"笨蛋"可能会伤透孩子的心，孩子会产生严重的自卑感和自我怀疑，结果就真的成了什么都学不会的"笨孩子"。而如果得到父母的鼓励和适当引导，则会坦然面对挫折，渐渐培养出对失败的承受力和战胜失败的意志力。

当孩子遇到挫折和失败，心情低落时，父母应鼓励孩子不要气馁，并说："没关系，再试一次，相信你一定会成功！"

当孩子做一件具有挑战性的事情，一次次失败的时候，产生了恐惧心理，你应该鼓励他："不要怕，这没有什么可怕的，大胆地去做，你一定能战胜它！"

8. 物质奖励不能滥用

"都是我把儿子惯坏了，现在他不仅旷课逃学，而且脾气越发暴躁，动不动就和家人顶嘴。"尽管家庭条件优越，但如何教育孩子却让张女士很头疼。

"除了给钱，我们都不知道该怎么教育他了。"张女士的儿子就读于一所重点中学，每月都要从父母手上拿走近2000元的零花钱，然后花得一干二净。儿子大手大脚花钱的习惯，让张女士感到很困惑。每当儿子缠着她要钱的时候，张女士和爱人只好一边给钱，一边教育儿子要好好学习，但收效甚微。

现在，许多人"富起来"了，很多富裕家庭的家长也许由于忙，很少与孩子交流沟通，也没有耐心研究激励孩子的语言艺术，他们激励孩子能够想到的唯一办法，就是用钱来解决。这种教育方法导致孩子年纪越大越反叛，"反正他们（父母）给钱就行了。""反正有什么问题他们会替我搞定。"这样的话，成为很多孩子的口头禅。

给孩子赏钱，或购买物品以奖励孩子，属于物质奖励。物质奖励一开始还是能起到一定的效果的，但是时间一长，特别是长期采取单一的物质奖励方式，就难以达到激励的目的了，其弊端也逐渐体现出来。

单一的物质奖励存在很多弊端：

其一，物质激励会使孩子滋生贪欲。

孩子不断成长，需求不断增加，于是物质奖励只能不断提高需求欲望。当孩子不再满足于一般的物质奖励时，他们想要的东西往往超过了一些家长的承受能力。即使家长能够承受，也容易使孩子沉迷于物质享受，甚至会在孩子幼小的心灵中种下贪婪的种子。

其二，物质激励的实效性不长。

动辄以大量的钞票作为奖赏，这对孩子是非常有害的。把学习成绩与金钱直接挂钩，在短期内可能会起到强烈的刺激作用，但这无异于饮鸩止渴，一时的亢奋，最终换来的是孩子精神上的疲软。

物质奖励只能起一定时段的作用，孩子内心想要得到认可、想要得到父母精神上的支持和肯定的愿望，并没有因为物质奖励而得到满足。

其三，不能真正激发孩子的自觉性。

激励的真正目的是让孩子从内心自觉自愿地学习，以更大的努力去获得进步。而物质奖励不可能真正激发孩子的自觉性和自豪感，因为物质奖励仅仅是一种外在的、表层的东西，兴趣才是孩子行动的内在动力。家长的精神鼓励，目的是激发和强化孩子的兴趣，让孩子从内心感到愉悦和满足，这样的激励能达到持久的目的。

孩子的成长是一个长期的过程，在成长的过程中有欢笑也有泪水，有快乐也有痛苦，孩子只是希望家长能够始终如一地支持他们，陪伴他们成长，不管是胜利还是失败，不管是快乐还是悲伤，有家长的陪伴和精神上的支持，他们会更安心、更满足。

当然，一个人既有精神需求，也有物质需求。虽然精神需求属于更高的层次，但是物质需求也不能忽略。所以物质激励也不是一无是处。

家长可以在适当的时候，给孩子一点物质奖励，特别是孩子渴望得到同时又是合理要求时，这样的物质奖励能够给予孩子很好的激励。但只能偶尔使用，而且要注意，奖品必须是有意义的，对孩子的成长有帮助的。

要激发孩子对行为本身的兴趣和信心，精神奖励应放在首要位置。只有精神奖励和物质奖励相结合，以精神奖励为主，物质奖励为辅，这样的激励方式才是合理有效的，才能使孩子产生强大的进步动力。

第 12 讲

拒绝孩子宜合情合理

　　真正爱孩子的父母绝不会对孩子百依百顺、一味迁就，而是在该说"不"的时候，拒绝孩子。恰到好处地对孩子说"不"，有利于孩子建立自己的"心理疆界"，这对于孩子心智的健全是大有裨益的。拒绝孩子不要过于简单、生硬、粗暴，如果父母说得合情合理，孩子一般都能听得进去，服从家长的意志。

1. 孩子需要父母确定的"围墙"

做父母的，可以对孩子说"不"吗？先听听下面的故事吧：

春节，妈妈过来和我们一起住。

隔代人总是特别疼孩子。每天，她几乎把所有的时间和精力，都用在了伺候我家的宝贝女儿身上，从穿衣吃饭、刷牙洗脸这样的常规服务，到扮老猫、扮大马、扮乌龟的特殊任务，全都兴高采烈地搞一人承包。整天乐呵呵地忙上忙下，让我乐得清闲。唯独有一个问题比较麻烦，就是她惯孩子惯得实在有点儿离谱儿。

就好比今天早晨，她先是准备好一大桌丰盛的早餐，然后才去毕恭毕敬地把小公主叫醒，一脸灿烂地哄她起床。可女儿到了饭桌前，看见有煮蛋，竟然丝毫不领情，小脸一别，嚷嚷着要吃炒蛋。结果，我这可爱的老妈，就像听了冲锋号一般，直接转身冲进了厨房。要不是我拦着，估计又得有两个鸡蛋提前阵亡了。

不过接下来的事情，却让她特别沮丧——去幼儿园的路上，姥姥问女儿："你最喜欢的人是谁啊？""妈妈呗！"

如此冰冷的现实，无疑严重打击了姥姥那颗脆弱的心灵。到家以后，她把整件事情讲给我听，口气中满是嫉妒的味道："还是自己生的亲啊！亲娘亲，骨血亲，打断骨头连着筋！别人怎么疼都没有用啊！"

妈妈想不明白：怎么你天天管孩子，我天天疼，可最后这孩子心里还是向着你呢？

"当然向着我了！你平时什么都听她的、依她的，在她看来，你连她都搞不定，遇到事情她还能指望你搞定吗？"我嘀咕道。

"可我舍不得啊……"

舍不得对孩子说"不"，肯定不是这位姥姥一个人的困扰。很多家长，一看到孩子充满期盼的大眼睛，满脑子想的都是如何赶紧帮他实现愿望，哪里还顾得上考虑应该不应该，更别说坚决地对孩子说"不"了！

这些父母无法拒绝孩子的任何要求，更喜欢找一点小借口糊弄孩子。他们爱说"快点把鞋子穿好，爸爸快要到家了"，或者"我不能给你买这个玩具，钱都在你妈妈那里，下次你找妈妈要"，而很少会痛痛快快地说出"不可以"。总之，他们只会借口环境和条件的不允许，而坚决不会表达自己的不允许。在孩子面前，他们永远扮演超级"老好人"。

只可惜，在孩子心中，这样的"老好人"却是一个缺乏力量的人。和他们在一起，孩子相信自己是强大的一方，同时也是必须考虑应对一切可能问题的一方。在这种状态下，表面上看孩子掌控一切，但在潜意识里，孩子却缺乏安全感——那种由于被限制而产生的安全感。

事物都是相辅相成的。从来没有听过"不"，就无法确认什么是"是"；从来没有被限制的人，反而体验不到基于安全之上的真正自由。想象一下，如果你独自一人置身于漫无边际的荒漠，最为强烈的感受，大概也不是自由，更多的是恐慌吧！只有等你盖好一间茅屋，确认围墙坚固之后，才会安心睡觉。围墙是限制，同时也是安全的保障。孩子同样需要家长给自己确定的"围墙"。

再比如，当你去非洲或南美洲那些文化习俗与我们有很大不同的地方旅行时，导游的很多话你都不会太在意，但如果听到"以下这些行为在当地是禁忌，千万不能……"时，你一定会竖起耳朵边听边记。因为只有确定了什么是"不可以"的，你才能确认：哦！只要我不做这些"不可以"的，我再做其他任何事情都一定是"可以的"。

同样道理，当父母明令禁止孩子不可以玩火、不可以咬电线、不可以像爸爸一样喝酒的同时，也就等于向孩子做出了强有力的保证——在这些行为之外，你就是安全的。因此，孩子就可以放心大胆地去玩除了火之外的各种东西，去咬除了电线之外的各式物件，去喝除了酒之外的各样饮料。

限制带给孩子安全感。敢于说"不"、善于说"不"的父母，孩子才会发自内心地信赖你，听从你的教导。

2. 以爱的理由对孩子说"不"

当孩子哭着要东西时，父母应该怎么办，是给还是不给？

当孩子违反一些原则和规矩，想随心所欲时，你该怎么办？

法国著名教育家卢梭的话："当一个孩子哭着要东西的时候，不论他是想更快地得到那个东西，还是为了使别人不敢不给，都应当干脆地加以拒绝。"

爱孩子要有原则，一味地迁就孩子不是真正的爱，而是害，会贻害孩子终生。

有原则的爱，是理智的爱。而要坚持这种爱的原则，做父母的有时必须要狠下心来，对孩子说"不"。曾被评为"全国优秀家长"的王晶女士，在这方面就经历了一个痛苦的过程。

王晶女士是福建师范大学外国语学院的院长助理，她的女儿黄思路在上小学的时候曾被评为"全国十佳少先队员"。上中学的时候，黄思路出过两本书。现在，黄思路就读于北京大学。

王晶说："我们的家庭条件不错，这可以算是'娇生'。但娇生不能惯养。如果把黄思路培养成小公主，说一不二、随心所欲，长大以后怎么能受得了委屈？再顺利的环境也难令她满意。所以，从黄思路一出生，她遇到困难我们从不替她'扛'，而是利用这样的困难达到我们锻炼她的目的。"

黄思路上幼儿园的第一天，像大多数的孩子一样，哭着要找妈妈、要回家。因为黄思路比班里其他的孩子小，老师被她哭得心软，就把她送回家。

王晶送走了老师，对女儿说："小朋友们都在幼儿园，还没到放学的时间，谁也不能回家。现在，你只能自己去上幼儿园了。"

女儿被挡在门外，呜呜地哭，可妈妈硬是没让她进门。

女儿知道妈妈的脾气：原则问题没得商量。最终，她妥协了，央求妈妈说："妈妈送路路去幼儿园吧。"

王晶此刻真想一把抱起女儿，把女儿送回幼儿园。可是，她心里明白，如果今天自己送女儿回幼儿园，等于奖励了她撒娇耍赖的行为。这样一来，明天、后天……女儿还会再哭，老师还会送她回家来。于是，王晶狠下心对女儿说："好孩子，你自己回去，下午妈妈第一个去接你。"

女儿万般无奈地走了，她是面对着家门，一步一步倒退着离开的。一边退着一边流泪说："妈妈再见！"眼看着女儿走远，王晶关起门来大哭一场。一个母亲下狠心拒绝孩子，让孩子从小接受磨炼，的确需要坚强的意志！

令王晶欣慰的是，从那天起，女儿上幼儿园再也没哭过。虽然女儿只有3岁，但母亲的举动却传递给她一个信息，那就是，有的时候一个人的愿望是会被拒绝的，很多事情并不是随心所欲的。

王晶说："我所以不迁就孩子，是因为我心里想的不是孩子现在可怜不可怜，我想到的是将来。她将来大部分时间是不在我身边过的，如果我现在为她准备一个'温室'，她会变得娇弱不堪，等她独立生活的时候才会很可怜。"

妈妈的"不迁就"，带给女儿的是持久的耐力和乐观的心态。经历挫折教育的黄思路学会了接受现实，能够调整自己的行为来适应社会的规范。她善解人意，凡事先为别人着想，发生利益冲突时，她总是自觉地调整自己去适应别人，从不强求别人来迁就自己。最重要的是，她从中获得了很大的快乐，为自己能够解决一个又一个的难题感到自豪。

如果父母一看见孩子流泪就迁就他，就等于鼓励他哭泣，是在教他怀疑你的好意，而且还以为对你的硬讨比温和地索取更有效果。孩子的欲望是无止境的，总有一天，你会拒绝他。而此时的拒绝会比当时的拒绝给孩子的打击要大得多。当孩子放纵的欲望最终被拒绝时，轻者会造成孩子的焦虑恐惧、烦躁不安和悲愤的心理，他会觉得世界上谁都跟他过不去，严重的情况下，还会引起孩子的轻生自杀行为。

如果你想培养一个"无赖"，那就尽情地去放纵孩子、迁就孩子；如果你想培养一个很棒的孩子，那么面对孩子的不合理要求，你就要坚持用爱的原则、爱的理由拒绝他。

3. 科学拒绝孩子不伤心

"不行，你不能碰这个，太脏！"

"别动那个盘子，你会弄破的！"……

"不许！""不能！"在孩子面前，"不"这个字许多家长用得太顺了，稍不留神就会从嘴边溜出来。而孩子呢，要不就是被一连串的"不"压得缩手缩脚，要不就是像打乒乓球一样把这些"不"给你一个个打回去，他没懵你先懵了……

别看这个"不"字简单，可要说得太多，或者说得不是地方，孩子要不被你管得缩手缩脚，要不叛逆心特重，公然挑衅你的权威。看来，这个"不"字该怎么对孩子说，还真是门学问！

科学地拒绝孩子不但不会伤害他的自尊心，也不会使孩子对父母产生怨恨，反而会提升父母在孩子心中的威信，同时也使孩子懂得更多生活和做人的道理。在拒绝孩子，对孩子说"不"的时，应注意以下几个要点：

与孩子一起制定规矩。约束来自规矩。父母要了解孩子的一些行为习惯，订立适合孩子年龄特点和性格特点的规矩。例如关于吃饭、看电视、玩玩具、买东西等，要给孩子一定的要求。为了让孩子自觉遵守，父母要与孩子一起制定各种规矩，这是尊重孩子的体现，也能使孩子更好地了解父母的想法，孩子做起来就更主动，也更符合父母的要求。

告诉孩子拒绝的理由。当孩子提出一些不合理的要求，或者出现一些不良行为时，就要拒绝孩子，并把拒绝的真正理由告诉孩子。有些父母喜欢编一些谎言来骗孩子。例如，孩子想买玩具时，父母往往会说："太贵了，买不起。"而实际情况并非如此。一旦孩子知道了真相后，父母的话不但不起作用，还会给孩子带来不好的影响。父母不妨告诉孩子：玩具多了也没什么意思，这个玩具是没有价值的，不值得买，我们不乱花钱，等等。这样会帮助孩子建立正确的消费观念，成长为一个理智消费的人。

平静地对孩子说"不"。 当看到孩子身上存在着"毛病"时，不要把愤怒表现在脸上或语言及行动上。父母如果这样做，也许正中孩子的下怀。有时孩子会故意做出某些恼人的行为，目的就是要惹恼大人，以求得开心。因此，父母要冷静地对待孩子的某些言行。当拒绝孩子时，父母要用平静的口气表达你的心情以及你对孩子的要求。这样，孩子会从你的语言态度中了解到，父母的态度是诚恳而坚定的，任何不合理要求都是没有用的。

用肯定代替否定。 "不"说多了会增加孩子的逆反和亲子的冲突，甚至随着孩子的成长和这个词的反复，会大大降低它的效力。因此，家长不如用其他语言表达你希望他做的事情。比如，说"我相信你会做得更好"要比"你不听话，看吧，饭洒了一地"更能让孩子增加对你的信任。

以有意义的事转移孩子的不良行为。 当孩子在从事一种不好的行为时，除了给孩子语言的告诫外，还要引导孩子去做一些有意义的事情，使孩子慢慢脱离不好的行为，而用有意义的行为取而代之。例如，当孩子沉迷于电视的时候，不能用简单的关电视或者埋怨孩子来解决，如果用手工（玩具）、出去玩球来吸引孩子，效果要好得多。也可以给孩子安排一些家务劳动，如洗洗碗、整理小房间、给种植的花浇浇水等，孩子会渐渐对家庭有责任感，视野就不会仅仅局限在某一不好的行为上。

不要心疼孩子的哭闹。 有的父母不忍心看见孩子的哭闹。只要孩子一哭闹就无条件地满足他的要求。如孩子到了商场闹着要买价格昂贵的玩具。爸爸说:"不行,这玩具太贵了。"孩子大哭起来,爸爸立刻心软了,对孩子说:"好好好,我们买吧。"一场闹剧立刻停止了,孩子的欲望得到了满足。但是,孩子在眼泪中也明白了一个道理:哭闹是管用的。

说了"不"就要坚持到底。对父母来说,最难的就是将拒绝态度坚持到底。你可以给孩子一些警告,也可以对他的哭闹置之不理,还可以让孩子在某个地方冷静十分钟……既然说了"不",就一定要坚持到底,绝不可因其他因素而反悔。有些家长经不住孩子的反复纠缠,最终又同意了孩子的要求。这种出尔反尔的做法,容易使孩子产生错觉:只要我坚持要求,父母一定会满足我的。这样就会养成孩子通过"死缠硬磨"达到目的的不良习性。如果孩子被拒绝之后出现不良情绪,家长可以采取"冷处理"的方法,让孩子自己去消化内心的不良情绪;当孩子发现自己的不良情绪无法挟制父母的时候,家长再想办法引导孩子。

4. 拒绝孩子，因人而异

已经快中午1点了，昭昭还在兴致勃勃地看动画片，妈妈几次催促让她睡午觉，她都只应声但并不去。妈妈强行关掉电视，昭昭大哭起来。爸爸看见了便把她抱在怀里哄她。这时昭昭说："爸爸，我不想睡觉，如果不让你做喜欢的事，你会不会很伤心？"爸爸被问住了，妈妈也诧异，不知如何回答。

从这件小事中，我们看到了孩子的智慧。昭昭的父母哑口无言，错过了一个良好的教育时机。

面对同一个问题，另外一对父母所选择的处理方式就很值得借鉴。这对父母不是沉默不答，而是告诉孩子不让他做喜欢的事他会感到痛苦，但一个人不是喜欢什么事情都可以去做的，要看这事对自己和别人的影响。不让你看电视是因为你要午睡了；不按时午睡，对自己的身体健康不利。父母把一些道理融于孩子的实际体验中，大部分孩子是可以理解和接受的。

孩子虽小，但都有自己的感情需要和意识需要。从孩子自身发展来说又有其年龄特征、气质特征。孩子不能很好地表达自己的情感、思想，这就要求父母用智慧去读懂和感受孩子的内心世界，真正做到"知子莫如父，知女莫如母"。在读懂孩子的前提下，选择有效的说"不"方式。

孩子年龄不同，父母拒绝方式有异。

面对不同年龄的孩子，有不同的教育方法，当然也有不同的拒绝方式。

比如，对两岁以前的孩子，宜采用直截了当的拒绝方式。因为这个年龄段的孩子语言功能还不完善，如果父母对他讲比较复杂的道理的话，孩子可能会听不明白，所以对这个阶段的孩子应采取直截了当的拒绝，如直接对孩子说"不可以"或是对他摇头。当孩子有危险举动时，例如去拿打火机玩，父母就要马上制止，甚至可以给孩子一点小苦头吃，如取消孩子的下午甜点等。

对 2 到 4 岁的孩子可采用"冷处理"的方式予以拒绝。因为这个年龄阶段的孩子正处于人生第一个"反抗期"，不再像以前那样听话，经常和大人"闹独立"，叛逆性十足。对这个时期孩子的不合理要求，父母要采用适当方式加以引导，尽量避免采用强硬的处理手段。"冷处理"是对付这阶段孩子不错的办法。当孩子大吵大闹的时候，你可以不去理睬他，等事后双方都冷静下来了，再同他讲道理。如果孩子是在公众场合哭闹，父母可以先把孩子安抚回家，再进行"冷处理"。这样还能保护孩子的自尊心。

对 4 到 6 岁的孩子，在拒绝时应晓之以理。因为这个时期的孩子在心理特征上处于一个过渡期，正从自我中心发展到认识周围的环境事物，同时，孩子在语言上的智能也有了相当的提高。父母这时就可以采取讲道理的方式来同孩子沟通了。坦白而简单地向孩子说明为什么不能这么做，这么做会有什么后果，来帮助他提高分辨是非的能力。"冷处理"的方式也同样适用于这个年龄段的孩子，在"冷处理"之后再晓之以理，最后别忘了给孩子一个爱的表达来抚慰他。

随着孩子年龄的增长，其感情和思想更加复杂，这就要求父母要懂一些成长心理学，研究孩子的年龄特征，灵活地运用有效的说"不"方式。

孩子气质不同，父母拒绝方式有异。

孩子有不同的性格脾气，爸爸妈妈也可以针对自己孩子独特的气质，摸索出一套孩子易于接受的拒绝方式。

对容易兴奋、听不进劝的孩子，可以把孩子带到另一个场所，让他脱离使他兴奋的环境，两眼冷静地看着他，强制他休息片刻。

对好奇心强的孩子，要善于把他的注意力从他坚持的事情上转移到其他新奇、有趣的地方。这样，孩子很快会忘记刚才的要求和不愉快。

对胆小而又依赖的孩子，可用轻柔的暗示法予以拒绝。比如：孩子不愿意睡觉，缠着妈妈，你不妨问他："妈妈明天还要上班，你觉得妈妈累不累？""你该怎么做呢？"

对好胜心强的孩子，可采取激将法，充分利用孩子的好胜心理，让拒绝变成鼓励。如：孩子不愿打针，父母可以说："奥特曼连怪兽都不怕，一定也不怕打针。你呢？"

父母有技巧地拒绝孩子，可以使自身的发展和子女的成长形成螺旋式的良性过程。孩子的成长过程有其自身规律和年龄特征，父母必须了解掌握，这就需要父母不断地学习思考，增长智慧，做智慧型父母。

5. 这样拒绝孩子
不可取

孩子在成长过程中，需要父母来规范其言行，需要父母给他建立各种规则。小孩子一般都喜欢无拘无束，自由自在，被规矩左右的滋味最初肯定不好受。如果父母拒绝孩子的方式不恰当，就会激起孩子的愤怒，反抗。以下一些拒绝孩子的方式是不可取的，因为如此拒绝，不能更好地帮助孩子接受规则，进而形成自律行为。

父母拒绝孩子时，规则飘忽不定不可取。

有些父母对孩子执行规则不严谨，今天不可以，明天又可以，完全看自己的心情而定，或者看孩子反抗程度而定。如果家长心情好就可以，心情不好就不可以，这样对孩子其实很不公平。孩子时刻看家长的脸色，揣摩家长的心思，哪还有精力心思去发展自己？如果看孩子反抗程度而定，那等于变相鼓励孩子变成"滚地雷"，撒泼打滚就能对付家长，于是家长受到了孩子的控制，哪还能执行规则，有效拒绝孩子？

父母拒绝孩子时，居高临下、颐指气使不可取。

有些家长为了过当领导的瘾，把在外面受的气全部撒给孩子，把自己的心理垃圾转移给了孩子。这是满足了家长，倒霉了孩子。遇到性情倔强的，双方势必剑拔弩张，亲子关系恶化。长此以往，感受不到家长的温暖，孩子的心渐渐远去，再也不回头。遇到个性温和的，虽然表面顺从，但心理会受伤，变得谨小慎微，看人脸色，迷失自我。一旦脱离家长的控制，前者如脱缰野马，行为失控；后者则不知道自己是谁，应该做什么，只会等着别人下命令，只能当可怜的"应声虫"。

把话说到孩子心里去

父母拒绝孩子时，对孩子进行情感勒索不可取。

家长动不动就说，你再怎么怎么样，妈妈就不喜欢你了，就不要你了。对三四岁以内的孩子来说，这简直就是恐怖分子在要挟人质。这么大的孩子，爸爸妈妈就是全部的世界，是自己生存的依靠。爸爸妈妈不喜欢自己了，不要自己了，对他们来说意味着无法生存，那会带来怎样的心理恐惧啊？所以，家长这样说等于把刀架在孩子脖子上进行勒索。而对于大一些的孩子，这句话又显得超级"孩子气"，也许第一次管用，多用几次，孩子就知道其实你是在虚张声势。孩子知道你在说谎，你又给孩子做了个什么榜样？

其实，合情合理地拒绝孩子真的不难。只要父母能放下身段，蹲下来，理解并尊重孩子，用爱心、耐心和决心来执行规则，孩子对你的拒绝就能理解并乐于接受。

6. 不要拒绝来自
孩子的爱

作为父母，对孩子什么都可拒绝，但有一件事情不可轻易拒绝，那就是孩子给予父母的爱。

常常有一些家长埋怨说，现在的孩子太自私，根本不知道爱父母！也常常看到这样的情景：当幼小的孩子正津津有味地吃自己喜欢的东西时，妈妈会逗孩子："宝贝，让妈妈吃一口！"这时，孩子会举起小手，把好吃的送到妈妈嘴边。妈妈只用嘴碰一下食物，然后又拒绝说："妈妈不吃，宝贝吃！"

孩子将自己喜欢吃的东西送到妈妈嘴边，说明孩子爱妈妈，妈妈没有吃孩子送到嘴边的食物，是因为妈妈爱孩子，不忍心吃掉食物。看来，孩子是知道爱妈妈的；但是妈妈不吃孩子送到嘴边的东西，却在爱孩子的同时，无情地拒绝了孩子的爱。

在孩子的成长过程中，正是因为有无数次的这样的拒绝，最终遏制了孩子爱的天性，以致扼杀了孩子爱的能力。于是，随着父母一次次不经意的拒绝，孩子逐渐习惯了被爱，淡化了给予别人的意识。因此，孩子自私，不知道爱父母的根本原因，在于父母自身——总是拒绝来自孩子的爱。

从心理学上讲，既能接受爱，又能给予爱的人格才是健全的人格。如果孩子在婴幼儿时期的情感发展遇到障碍，失去给予爱的能力，长大后他就不会珍惜父母给予他的爱，甚至会无视父母对他的爱。同时，其友爱、合作等品质的发展也会因此受挫，严重影响孩子在社会生活中实现自我价值的能力。

作为家长，不要再责怪孩子太自私，因为孩子在家庭中被爱的处境是家长创设的，孩子"小皇帝"的地位是家长用爱心筑牢的，这足以引领孩子走向自私的深渊。孩子也是家庭中的普通一员，应让孩子担负起其在家庭中给予别人爱的责任，让其在爱别人的过程中练就爱的能力，培养其健全的人格。

在孩子面前，父母一定要记住：爱是一种双向的情感交流，是人类固有的朴素情感。孩子在接受爱的同时，也渴望付出爱，渴望得到他应有的情感体验的满足。因此，父母怎么能轻易拒绝来自孩子的爱呢？愉快地接受孩子给你的爱，就是对孩子的一种大爱！

第 13 讲

如何问，如何答

父母与孩子交流的基本方式无外乎问与答。父母每天都要面临的难题是：如何向孩子提问？如何回答孩子的提问？问得巧，能洞悉孩子的内心世界，激发孩子的思考力和创造力；答得妙，能促使孩子茅塞顿开，闻一知十。父母的说话水平和口才艺术尽显于对孩子的问与答之间。

1. 用巧问激发孩子的创造力

教育教人以知识，但知识并不能代替思维，如同思维不能代替知识一样。在大多数实际生活中，知识从来就是不完全的（因为我们处理的事情往往涉及将来），所以孩子首先需要学会思维能力。

创造力也是一种思维能力，它并不是漫无边际、天马行空式的创意，而是能提出问题、解决问题、创造新事物、帮助人适应环境的能力。

不是比较聪明的人，就一定有较高的创造力。事实上，历史上有很多有成就的人，智商不一定很高，书也不一定读得呱呱叫，但他们点子多、心思巧，遇到问题决不放弃，所以成就反而比一般人高出许多。

知识与思维有密切的联系，但绝不是同一个东西。有些孩子非常善于思考，很有创造力，但在校的考试成绩可能很一般；有些孩子的考试成绩非常好，但不善于独立思考，没有创造力，所谓高分低能就是指这类孩子。

孩子读书、学习有双重的目的：一是掌握知识，一是发展思维能力和创造力。大多数父母和教师往往注意前者而忽略后者。其实教授一门知识课的更为重要的意义恰恰是为了使孩子的思维能力和创造力得到发展。"教育就是教人培养思维能力"，这句话很有道理。

问题是思维的起点，发问对于培养孩子是很重要的。要想激发孩子的潜能及创造力，父母必须掌握向孩子发问的形式和技巧。要善用发问的技巧，也学会听孩子发问。因为这既有助于增进亲子关系，更可激发孩子的思考能力和创造力，同时可培养其表达能力。

台湾学者陈龙安总结出发问技巧的"十字诀"。这"十字诀"是：假、例、比、替、除、可、想、组、六、类。

"假"：就是以"假如……"的方式和孩子玩问答游戏；

"例"：即是多举例；

"比"：比较东西和东西间的异同；

"替"：让孩子多想些有什么是可以替代的；

"除"：用这样的公式启发，除了……还有什么；

"可"：可能会怎么样；

"想"：让孩子想象各种情况；

"组"：把不同的东西组合在一起会如何；

"六"：就是"六何"检讨策略，即为何、何人、何时、何事、何处、如何，问题愈多元化，孩子所受到的思考刺激愈多；

"类"：是多和孩子类推各种可能。

父母在提问时，最好使用开放性语言，多问几个"为什么"，不要只问"对或错""是不是"等封闭式问题。最好依据孩子的能力，问一些没有唯一答案的开放性问题，如：茶杯有什么用途？多少加多少等于 10？等等。因为，封闭性的提问容易造成孩子思维的惰性，而问"为什么"，会让孩子通过自己的思考，表达自己的想法，有助于开阔孩子的思维，而孩子丰富的想象力也会得以发展。这样的提问更能练就孩子寻找问题、思考问题和自己解决问题的创造力。

2. 引导孩子多问"为什么"

　　闻名世界的发明大王托马斯·阿尔瓦·爱迪生从小体质比较弱，三岁以前的一千多个日子，他不知得过多少次病。后来在妈妈耐心周到的照料下，爱迪生的身体一天天壮实起来。

　　爱迪生体质虽弱，却爱动脑筋。他的好奇心特别强，老爱问为什么，看见想不明的事情就问，问了就转着眼珠想。

　　"为什么锅上冒蒸气？""为什么凳子四条腿？""金子是什么？"父亲常常被儿子的问题弄得张口结舌，无言以答。

　　小爱迪生爱打破砂锅问到底的兴趣得到了妈妈的充分肯定。妈妈当过小学的教师，她知道，好奇是打开神秘知识宝库的一把万能钥匙，没有好奇心的孩子成不了大器。所以每当爱迪生问"为什么"时，妈妈总是微笑着，细心地开导他，把其中的道理讲给他听。这个时候，爱迪生总是歪着大脑袋，睁大眼睛听着，听完后，还会有一大堆新的"为什么"从他的头脑中冒出来。

　　爱提问，是孩子洞察力、想象力和创造力强的表现。犹太民族对孩子的教育方法有很多过人之处，其中鼓励孩子提问是他们最重要的教育方法之一，犹太孩子回到家里，母亲会问："今天你提问了吗？"而中国的父母总会在孩子放学回来后问："今天的测验得多少分？全班最高分数是多少？"平心而论，提问比分数更能反映孩子的观察能力、思维能力和聪明程度。

　　中国最伟大的教育家孔子就是通过问答的方式，把他的核心思想传授给弟子们，最后记录在《论语》这部伟大的著作中的。古希腊哲学家苏格拉底也总是向周围的人不断发问，为什么必须这样？为什么应该是那样？这些问题聚集在一起，就形成了人类历史上一个又一个的智慧高峰。

孩子积极思考、主动提出问题，对孩子思维能力和创造能力的发展极其重要。那么，父母如何才能让孩子想问、会问呢？要让孩子想问题并提出问题，一个重要的做法，是安排一个情境，以激发孩子提问的兴趣。

首先，让孩子感到好奇。如：故事说一半，让孩子好奇地想问结果；玩猜谜游戏，给孩子一些暗示；等等。然后引导孩子学会问得清楚，而且能有礼貌地问。

其次，鼓励孩子积极思考，主动提出问题。在孩子的天性中，有一种求知的欲望，他们心中原本有着无数个"为什么"，想了解这个奇妙世界的本来面目。是成人习以为常的姿态和不以为然的态度，逐渐扼杀了孩子的这种求知冲动。

生活中，常常会看到这样一种情况，当孩子提出问题时，有的父母嫌孩子缠人，会对孩子说："去去去，不要问个没完，长大了就会知道的。"这样做会扼杀孩子学习的积极性，长此下去，孩子会因为怕父母责骂而不敢再提问题。

因此，父母如果能够有意识地引导孩子，保护好孩子的好奇心，鼓励孩子积极思考，对孩子的提问努力表现出浓厚的兴趣，与孩子一起去思考，去寻求未知的答案，孩子提出问题的欲望就会不断增强。

作为家长，如果能够保护和激发孩子的好奇心和想象力，保护孩子爱提问的天性，并鼓励孩子多发问，孩子就可能成为未来的爱迪生，成为未来的思想家、艺术家和科学家。

孩子的问题涉及的面很广，常常出乎父母的预料，可能你会觉得"天呀，他怎么连这么简单的问题也要问"或者"他竟然问这样的问题"。不管怎样，对于孩子的提问，父母要做的就是耐心对待孩子的提问，尽量倾听并认真回答。

父母回答孩子数不清的"为什么"时，应把握以下基本原则：

体察孩子提问的动机。在回答之前，家长要仔细体察孩子提问的动机，是受了困扰、想引起大人的关注，还是出于强烈的求知欲呢？只有了解孩子提问的动机，才能够给他一个适合的答案。

认真对待孩子的问题。面对孩子千奇百怪的问题，如果家长敷衍了事、粗暴制止，不仅会挫伤孩子提问的积极性，还会使其智慧的萌芽逐渐枯萎。

尽可能立即回答。孩子的注意力不易持久，如果不马上回答，他也许就忘掉了问题，或者兴趣降低。当然，立即回答并不是马上把标准答案直接"告诉"孩子，而是要立即受理孩子的提问，并促进孩子对有关问题的思考。

答案尽量简洁通俗。父母答问时要讲究艺术性，要根据孩子的年龄特征和接受能力，尽量简明、准确、通俗、生动地解答。孩子一般不需要知道最科学严谨的答案，用他听得懂的话语回答就行了。

认同并赞赏孩子。每当孩子提出一个问题时，无论对错，家长都应该表示赞赏，让孩子感受到家长也和他一样兴奋、惊奇，从中得到满足，继续提问。如果家长表示不耐烦，嘲笑讽刺，甚至贬低问题的价值，就会打击孩子提问的热情。

不要说"不准问"。无论你此时多心烦，都不要说："不准问！"即使在成年人看来非常可笑的问题，家长也要耐心回答，因为只有保护和提高孩子提问的兴趣，才能使他们的思维更广阔、更自由。

以答引思。有些提问有多个答案，如果以一概全，简单作答，是不科学的。家长应该向孩子提问，用反问、设问等方式引导孩子思考，多角度地看待和分析事物。父母巧妙启发，抛砖引玉，能点燃孩子的思维火花，培养其发散性思维能力。

切忌不懂装懂。孩子问的有些问题父母一时之间难以回答清楚，这当中有的是父母知道其大概，但不知道怎样回答才能简洁明了，让孩子容易理解；还有一种就是父母本身也不知道答案的。对于这类问题，父母应该查找资料后再给孩子答复，切忌不懂装懂，胡乱回答。父母还可以教孩子怎样寻求答案。例如，可以让孩子和自己一起来看书找答案，这能让孩子知道书是有用的东西，从而引发孩子对书的兴趣。有些问题如果可以通过观察来解决，那就引导孩子通过观察和思考来得出答案。比如孩子问："蚂蚁要把米搬到什么地方去呢？"那你就让孩子观察，看看最后是怎样。

4. 艺术地回答孩子的性提问

你的孩子是否曾经问过——

· 我是从哪里生出来的？

· 为什么爸爸站着尿尿，妈妈却坐着尿尿？

· 性病是怎么回事？

· 什么是强暴？

· 凭什么班级里的女生可以有时候不上体育课？

· 安尔乐是干什么用的？

· 为什么爸爸妈妈可以睡在一起，而我却要自己睡一个房间？

· 失身是怎么回事？……

当你听到孩子的上述问题，是否曾经——

· 吃惊：良好的家教却培养出如此"下流"的孩子。

· 震怒：大声呵斥孩子学习不上进，偏偏想这些乌七八糟的问题。

· 尴尬：不知道该怎么办，只好面红耳赤地对孩子说："等你长大了就会明白的。"

· 推脱：告诉孩子"这种问题，不要来问我！"

· 欺骗：对孩子一本正经地说他是山上捡来的或者是石头里蹦出来的。

其实，孩子提出这些问题又有什么好奇怪的呢？想想你自己小的时候吧，不是也经常有很多难以启齿的问题在心里徘徊吗？你不是也很想问问父母吗？为什么始终没问过自己的父母呢？因为你害怕，怕别人骂自己不正经，只好压抑着好奇心，稀里糊涂地长大。

那么，面对孩子的性提问，父母该怎么回答呢？

有些父母在孩子提出问题之后，觉得孩子还小，未必能理解自己的解释，于是就用一些儿童话语，或者是民间常用的俗语来回答孩子的问题，如把"屁股"称为"屁屁"，把"阴茎"称为"小麻雀"等。用这些词语对孩子做解释，不能给孩子科学的性概念与性知识，反而会让孩子觉得性还是神秘的事情，或者性是很不好的事情。因为他会从成年人躲闪的话语中感受到你心中的忌讳。因此，父母要用科学名词来解释孩子的提问。

当两三岁的男孩指着生殖器天真地问父母"这是什么"的时候，父母的正确态度应是自然地告诉他："这是你的小鸡鸡。"有时候并不是为了让孩子彻底地掌握有关性方面的知识和学问，而仅仅是为了达到纠正孩子性心理方面的问题，使他不会形成错误的性观念和态度。

父母的态度应该像告诉孩子哪儿是耳朵、哪儿是眼睛那么自然。故弄玄虚、大惊小怪的口吻和表情都会给孩子心理上造成难以排解的神秘感和不正常的羞耻感。当孩子问这类问题的时候，他并不是想知道生殖器的性功能，只不过是想知道正确名称而已。

有的父母回答孩子提出的"生命来源"问题时，常借故说："你是捡来的，是树上长出来的……"不正确的回答未必能使孩子真正相信。问题在于，孩子会感觉到父母不想让他知道"我是从哪里来的"，而且这问题是神秘的。当孩子长到七八岁的时候，已经模模糊糊地知道一些性的信息时，心中尽管存在着很多困惑，也不会向父母坦诚地询问了。因为他曾经在父母那里碰了壁。父母也因此失去了对孩子进行性教育、帮助孩子度过性觉醒和性困惑时期的良机。

其实对于这个问题，父母可以反问孩子："你怎么会想到这个问题呢？"然后通过观察孩子的情绪变化来判断原因：如果孩子露出憧憬的神色，那是出于对母亲的感情；如果孩子的神色严肃而急切，那可能得到了一些性的信息；如果孩子处于沉思状，那可能是出于求知欲；如果孩子的表情是烦躁的，家长就要注意了，可能是他遇到了什么挫折或得到了混乱的信息。

如果孩子是出于对母亲的感情，你可以简单地回答："小孩子是由妈妈肚子里的一个很小很小的细胞慢慢长大的。等你长到快和小熊玩具那么大时，就会觉得妈妈身体里太黑了，开始又踢腿又晃脑袋，想要出来。妈妈就会到医院里，请医生阿姨帮忙让你出来。"

对出于求知欲的孩子，你可以更直接："爸爸给了妈妈很多叫精子的小生命，他们拼命向前冲，想到达妈妈身体里面一个叫子宫的地方。最先到那儿的精子就能钻进卵子，它是妈妈肚子里的另一个小生命。然后，一起变成最早的你。十个月以后，你才可以离开妈妈。"孩子会对这样的结果感到自豪："我在那场赛跑里面得了第一！"

如果孩子是因为得到了混乱的性信息，比如听到了关于父母的脏话，家长就必须设法纠正孩子的误解，告诉孩子父母在一起是因为爱，生下他也是因为爱，人长大以后都会有这种爱，有了爱，世界上才有蓝天白云、鲜花美景。

在如何回答孩子的性提问上，美国人的做法很值得借鉴：

美国公共健康政策专家安吉拉的女儿问她："妈妈，我是从哪儿来的？"她回答："女孩长大以后，会嫁给爱她的男人，这个男人给她一颗爱的种子，进入她的身体里，会和她自身的另一颗爱的种子结合。结合的种子，在营养的滋养下，逐渐长成为一个胎儿，就是妈妈肚子里的孩子。"

一个十七八岁的男孩问美国国家医生家庭资源中心总裁戴安娜："为什么看见漂亮女孩子有时会勃起？"戴安娜告诉他："男孩子成熟后，大脑容易受到视觉影响，感受到性刺激。如果看见一个很有吸引力的女孩时，会感到'兴奋'。这是性刺激下的一种正常生理反应。因为男孩子容易受色情片的影响而色情上瘾，不但不健康，还会影响生活和人际关系，所以，你最好避免观看色情片。"

安吉拉解释说：父母和孩子谈性的问题时，应从小开始，一定要注意他们身体发育到了什么程度，话题要适可而止，不能一下子把什么都告诉他们；要随着年龄的增长，循序渐进地让孩子了解性方面的知识。这是一种比较好的性教育方式。

在回答孩子提出的性问题的同时，父母可以告诉孩子"可以做什么"。多数父母总是担心孩子做出一些出格的事情，因此，父母往往会告诉孩子"不要这样""不要那样"，还总是喜欢把问题说得极其严重。实际上，父母的话反而给孩子一些刺激，让他觉得那些"不要"很神秘或者感到很有趣，他会更想去试一试。建议在给孩子讲解各类性提问的时候，可以告诉孩子"能做什么"，如可以和异性握手、与异性一起游玩等。当然有些原则是需要父母强调的，如恋爱不宜太早、对感情问题要有责任心。父母应该严肃地表达这些原则，让孩子知道在性问题的处理上，是有原则的，但切忌唠叨。

第 14 讲

把故事讲到孩子心里去

　　孩子仿佛是为了听精彩的故事而来到人间的。在孩子的成长过程中，故事对其智力的开发和个性的塑造具有无可替代的作用。有的父母讲故事平淡乏味，孩子听得昏昏欲睡；有的父母讲故事活灵活现，孩子听得津津有味，一生难忘。可见要给孩子讲好小故事，自有一番大学问，杰出的父母一般都是讲故事的高手。

1. 孩子听故事，
益处何其多

做父母的都有这样的体会，从孩子咿呀学语开始，就缠着你讲一个又有一个的故事。孩子为什么都喜欢听故事呢？讲故事在孩子的童年生活中意味着什么呢？

两岁之前，孩子喜欢听故事，主要因为大人在讲故事时所发出的声音对孩子有着极大的吸引力。同时在父母讲的过程中，孩子学会去听、去吸收，这对于以后孩子学习语言有很大的帮助。

而两岁以后的孩子喜欢听故事，是因为他在这个年龄段已经具有了一定的语言基础，在听故事的过程中，他能够运用自己的想象力、逻辑思维去理解故事中出现的人、事、物之间的相关性和逻辑性，同时还能够运用语言能力去表达自己的看法。一旦获得认可，比如能够主动说出故事的结局甚至自己来讲这个故事，孩子的自信心因此而获得很大满足。

讲故事对孩子的童年以及今后的成长意义重大。除了上面说过的，讲故事还能够帮助孩子了解人、事、物之间的关联，培养他对逻辑性和对顺序的认识，还可以令孩子了解到更多东西，比如孔融让梨的故事，教孩子学会和别人去分享等，很多东西在讲故事的时候都能够潜移默化地传递给孩子。

英国一项最新研究结果表明，家长每天给孩子读书、讲故事，不仅有助于提高孩子的阅读能力，还能预防儿童出现多动症等行为。

据英国广播公司报道，英国教育研究所的研究人员说，母亲是否在孩子婴幼儿时期教他们识字、数数并经常给他们讲故事，与孩子日后的学习能力好坏有着直接的关系。

这项由英国政府资助的研究，调查了8000多名5岁儿童在打基础阶段的情况以及在学校学习一年后老师对他们的能力的评价，并对他们的认知能力进行了测试。此外，研究人员还采用问卷调查的形式对孩子们的表现进行评估。研究侧重于测评儿童在 5 周岁时一般应具备的能力以及家长在开发婴幼儿智力方面所发挥的作用。

研究结果显示，家长如果能每天花些时间给孩子讲故事，那么，这些孩子长大后行为出现问题的风险可能会降低。此外，如果家长能够认识到在婴幼儿时期开发智力的重要性，并每天在孩子身上投入一点时间，那么孩子日后的认知和学习能力都会得到改善与提高。

测试结果还发现，那些每天都有家长讲故事的孩子们，在看图识字测验中的表现，要大大好于那些平日没人给他们讲故事的孩子们。

与此形成鲜明对照的是，那些每天花三四个小时看电视的孩子们在各种测试中的成绩都相对偏低。

很显然，孩子每天听父母讲故事，能很好地锻炼和培养孩子的注意力、做事的专注度，这些对于他今后的学习都是非常有益的。

2. 给孩子讲故事
是一种享受

　　人世间最真挚温馨的感情莫过于父母与子女之间的亲情，而盈爸和盈盈睡前 10 分钟故事则把这种亲情进行了完美的诠释。

　　两岁的盈盈已经不再是睡前一瓶可口的牛奶就可以打发了，具有自己的思维和表达能力的她，此时需要的是物质与精神两顿大餐才能激发睡意。精神大餐在盈爸历经多种调剂之后，最终确定为睡前"故事会"。

　　盈爸和盈盈的睡前"故事会"源于元旦后。此前，盈爸没少为盈盈购买各种各样的益智教育画册，但画册大都沦为了盈盈锻炼手指灵活性的翻动纸片。元旦时盈爸专门采购了一本寓教于乐的故事画册，激发了盈盈对书籍、对故事的兴趣和渴望。当盈爸翻动色彩斑斓的画册，娓娓动听地讲述着多姿多彩的童趣世界时，聪慧的盈盈总是能和爸爸互动，最后在与爸爸略显含糊的对话中渐渐入睡……

　　就这样，盈盈睡前十分钟的故事会开始夜夜上演。

　　在"故事会"中，盈盈认识了一个个可爱的小动物，学习了一些生活的小常识，接触了做人做事的小道理。更为重要的是，在故事会里，通俗易懂的小童话潜移默化地带给了盈盈一个最基本最重要的技能——学习与阅读，这将使盈盈终身受益。

　　对盈爸而言，这场"故事会"则是一场彻彻底底的享受会，也是盈爸工作和生活中最重要的会。这样的"故事会"充满乐趣，盈爸和盈盈一起分享了许许多多有益的东西，仿佛回到了 30 多年前的童年时代。这种感觉对盈爸来说，简直美妙极了！

父母们，请坚决丢掉那些所谓"忙"的理由，把短暂人生中的时间多花一些给孩子，和孩子开开"故事会""享受会"，和孩子坐在一起或躺在一起，轻声讲讲故事，享受这种世间最真挚、互相为伴的快乐时光吧！

父母和孩子的最佳状态就是家长和孩子之间能够产生亲密的互动。把讲故事视为最欢乐的一件事，尽情享受讲故事这个过程吧！

需要引起特别注意的是：在讲故事的过程中，父母往往忽略了孩子的反应和感受，从自己的角度去讲故事，这样容易产生一个问题，那就是：孩子无法跟上你讲故事的速度。所以，在讲故事时，家长要注意观察孩子的反应，避免讲故事的速度过快，导致你的讲述和孩子的收听之间的脱节。因为一旦脱节，你和孩子之间就失去了互动，这样也就失去了一个可以开发孩子潜能的绝好的机会。

还有一点，中国的父母容易走入急功近利的误区。中国的家长，大多存在着攀比的心态，自己的孩子绝对不能落后于他人，处处争强好胜。殊不知，抱着这样的心态去给孩子讲故事，往往会挫败孩子听故事的主动性，结果适得其反。譬如，有的家长给一岁的孩子讲《三字经》，对于一岁的孩子而言，他们的语言和认知系统的发育还未完全，这样做，显然是在拔苗助长。

3. 讲好小故事，大大有学问

很多家长都想给孩子讲一个好故事。因为只有故事好，孩子才爱听。现在很多人抱怨好故事书难求，认为讲不好故事关键在于没有好故事。那是否意味着有了好故事，就一定能讲好故事呢？

幼儿园里的故事会上，欣欣妈讲的故事是《图书馆里的狮子》。她有些紧张，为了不受干扰讲好故事，她还把欣欣推开，请老师帮忙看好。这个故事挺有趣的，可是欣欣妈讲得很生硬，速度又太慢，小朋友们很快就分散了注意力。

小雨妈妈讲的是《三只小猪》。故事大家都很熟悉了，可是这位妈妈讲故事水平很高，绘声绘色，而且很懂得带动小听众的情绪，不时设置个悬念，节奏又控制得很好，还准备了小礼物给回答问题的孩子。小朋友既听故事，又拿礼物，可开心了。

可见，讲好故事，光有"好故事"是不够的，还需要爸爸妈妈具有"讲好"故事的能力。别看讲的是小故事，里面可有大大的学问。

富有感情。为孩子讲故事，要用感情来营造气氛，而且要轻柔甜美。讲故事之前，最好先了解故事的主题和内容，如果自己先念一遍，掌握每一个角色的个性和故事情节，那么讲起来一定很自然生动。

精选故事。故事的种类很多：如历史题材的故事，现代题材的故事；自然科学的故事，社会科学的故事；寓言故事，神话故事等。给孩子讲故事要

把话说到孩子心里去

精心选择，选择内容健康、情节生动感人的，最好不要给孩子讲鬼神一类封建迷信的故事，会损害孩子的身心健康。

适度改编。很多故事的内容不仅反映生活，揭示世界，而且对人的塑造有着积极影响，因此，给孩子讲故事要充分发掘故事的教育性，考虑孩子的接受能力。孩子的吸收能力和兴趣都不同，爸爸妈妈可以试着了解孩子的能力范围，然后小幅度变动故事内容。例如有些外国故事的主角名字洋味十足，不妨改成邻家小孩的名字，孩子听起来会更亲切。有些内容很好但情节、语言偏深奥的故事，就需要家长进行适当的改编。把较难的词句改为孩子能接受的语言，去掉一些次要的情节。

绘声绘色。给孩子讲故事，需要语言生动、表情丰富，让孩子有如临其境、如见其人、如闻其声的感觉，这样才能增强故事对孩子的吸引力和感染力，激发孩子去感知、联想和想象。讲故事时适度变化一下你的声音，听起来一定更加生动。例如火车的"呜呜"声或汽车的"嘟嘟"声，小狗"汪汪"叫和小猫"喵喵"叫，你都可以用不同的拟声发音来表现这些声音，而不是呆板地念出字来。同样地，爸爸的声音和奶奶的声音也应该不一样。如果家长能够充分表现愉快、愤怒、失望、难过等情绪，给孩子讲的故事就会和广播剧一样精彩。对小年龄的孩子来说，如果能再辅之以一些手势和小动作来演示故事中的人物形象，效果就更棒！比如，讲到小白兔的时候，两手放在头两侧展示小白兔的两只长耳朵。

启发诱导。瑞士教育家亚美路说过，教育最伟大的技巧是启发。启发是为了让孩子听而有发，讲故事中灵活地启发诱导可表现为设置悬念。悬念的引入，就是打破故事完整的格局，在关键处置疑，让孩子按故事的脉络去思考。故事悬念通常有开篇悬念、情节悬念和结果悬念等三种，家长可以根据具体的故事内容和听故事对象择用或兼用。也可以穿插着向孩子提出启发性的问题，答对了及时表扬，答错了要耐心解答，下一次讲故事的时候再让他答一次。当然，问题的难度要伴随着孩子的成长，循序渐进。一开始，问题可以简单些，如"兔宝宝在猴子阿姨家吃了些什么"之类，以调动孩子的思维，让孩子养成边听故事边思考的好习惯。然后再让他尝试填充故事、续编故事、接龙故事等，以培养孩子的想象力和思维能力。

充满耐心。如果昨天的故事还没讲完，孩子就睡着了，那么今晚讲故事时，最好要有"前情提要"，以便孩子适度衔接。在讲述过程中孩子可能会有疑问，这时候应该先为孩子耐心解说，然后再继续，不要不耐烦地说"现在不要问，等讲完了再告诉你"，那是最不高明的。记住，爱心和耐心是一样重要的。

有意重复。孩子学会讲一个故事，要经过聆听、理解、记忆、复述四个阶段。当孩子重复听同一个故事时，能在重复启动的故事形象中产生愉快感，增加兴趣并检验自己的记忆和实现自己的期望。对于年龄很小的孩子，不妨选择十几个故事反复给他讲，也可以让他跟着父母一起讲，让他反复模仿、加深记忆。时间长了，他听熟了，理解了，就记住了，慢慢地就能自己讲了。

最后要强调的一点是：讲故事是讲者与听者互动交流的过程，所以无需完全照本宣科。家长在讲故事时，要把重点放在跟孩子的交流上；对孩子来说，听故事也如游戏一般，虽说家长要挖掘其中的教育性，但不必太重教训。故事讲完了，如果家长和孩子都很愉悦，这就是很大的收获。

把话说到孩子心里去

4. 用讲故事开发孩子的智力

　　故事生动有趣，其中有人物、有情节，孩子最爱听。家长在给孩子讲故事时，要注意培养和发展孩子的注意力、想象力、思维力、记忆力等。

通过讲故事，提高孩子的注意力。

　　注意力不集中，容易分心，是孩子的共性。年龄越小，控制注意力的时间越短，比如 1 ~ 2 岁左右的孩子，注意力最多不会超过 3 分钟。如何改善孩子的这种现状呢？

　　专家分析，如果孩子具有注意力分散度较大，应该及早给予帮助，否则到学龄时期就会出现多动症症状。对于这类孩子，可以用讲故事的方法来提高注意力。讲故事前，先与孩子面对面、手拉手坐好，然后再有声有色地讲故事，并经常用眼神和体态、语言与孩子交流，还可以用提问的方式让孩子参与讲故事。直到发现孩子的注意力实在无法坚持集中时，立即宣布"今天故事讲到这里，明日继续"。随着听故事时间的延长，注意力的提高，可以发展到让孩子收听广播里的故事。

通过讲故事，启发孩子的想象力。

　　想象力是创造的前奏，想象愈丰富，创造力愈强。孩子想象力的发展对于他长大后在学习和劳动中创造性的发挥有很重要的意义。家长经常给孩子讲故事有利于启发他无拘无束地进行联想和想象，发展再造想象和创造想象。

　　家长给孩子讲故事时，可讲到一定的地方不往下讲，引导孩子对以后的故事情节进行想象。也可以供给孩子必要的道具，如面具、餐具等，让孩子进行故事表演，让他充分发挥想象力去体验和表达人物的内在情感，以加深对故事内容的理解，从中得到启发，促使其想象力不断发展。还可以讲完故事后向孩子提问："这个故事告诉我们什么道理？"如讲完科学幻想故事后，启发孩子谈谈自己长大以后发明创造的理想，让孩子对学过的知识进行一定的概括和大胆的想象。

通过讲故事，锻炼孩子的思维力。

思维力是智力的核心。父母讲故事时不要平铺直叙，应声情并茂，要注意情节的起伏，讲到关键地方，不免来个"且听下回分解"，然后让孩子思考故事情节的发展。如讲述《曹冲称象》，当讲到该怎样称这陆地上最大的动物的重量时停住，让孩子想一下，用什么办法可以称象？促使孩子开动脑筋积极思考，久而久之，孩子就习惯边听、边动脑筋。在讲故事时，还可以随时向孩子提问题。例如，主人遇到困难，可以让孩子想想如何帮助他解决。还要鼓励孩子提问题。能提出问题，说明他动脑筋，越是聪明的孩子，越能提出问题。大人应耐心地给予解答，以发展孩子的思维力。

通过讲故事，发展孩子的记忆力。

在讲故事之前，要向孩子提出任务，不能光听故事，还要记住故事，讲给家里人听。这样，孩子在听故事时就会有意识去记忆。具体办法，是讲过故事以后，让孩子复述故事，看他能否抓住故事的情节，讲出故事中的人物及其特点。当孩子讲不完整时，可以提醒。这样可以很好地发展孩子的记忆力。

父母讲故事，除了开发孩子的智力，还要注意思想性，培养孩子的良好品质。通过讲故事，为孩子树立行为的楷模，提高孩子辨别是非的能力，培养孩子高尚的道德情操。

第 15 讲

书面谈心，效力独特

与口头语言相比较，书面语言有其独特的、无可替代的作用。作为父母，你可以在孩子的作业本、日记本上留言，表达提醒和忠告；你可以采用古老的家书信笺，和孩子交流情感，畅谈人生；你也可以通过小纸条，向孩子传达爱心和关切。"口说无凭，立字为据"，白纸黑字，更能引起孩子的关注，有利于孩子反复品味，铭记在心。

1. 在本子上谈心

"我要走进你的世界，你不让；我想让你走进我的世界，你又不来。"

这是一位和孩子难以交流的母亲发出的无奈叹息。

找不到好的沟通方法，已成为青春期孩子家长们的最大苦恼。

了解是交流的前提。母亲只有了解孩子，才能和孩子进行良好的沟通、才能真正走进孩子的内心。由全国妇联儿童部、中国家庭教育学会等单位开展的"你对孩子了解多少"千名母亲问卷调查结果显示：尽管很多母亲对孩子比较了解，但在某些方面也存在明显不足，尤其在和孩子交流的技巧方面，很多母亲还需要提升。

"我很想和孩子交流，但孩子就是不想跟我谈，我也很难让他说出自己的心里话，有时候谈不上几句孩子就嫌烦了，甚至谈着谈着就吵起来了。"

这是很多家长的共同感受。

其实，只要开动脑筋想想办法，改变一下交流的方式，难题就能迎刃而解。

父母除了要提高与孩子面对面的口头语言交流的艺术外，还要特别注意发挥书面交流的独特效力。书面交流方式相对于面对面的口头交流，有着特殊优势。进行书面交流，家长可以尽量斟酌语句，努力使自己的表达能"动之以情，晓之以理"；孩子嗅着温馨墨香、感受来自家长亲笔关爱的同时，在不知不觉中和父母进行心灵的对话。而且，这还有利于孩子反复阅读，仔细揣摩，深刻领会。

家中可以设一个"谈心本"。你只要准备一本本子和孩子交换写写自己的心里感受就可以了。如果条件允许，你可以和孩子共用它来写日记。

下面是一位妈妈与上小学六年级的儿子在"谈心本"上的交流的记录：

6月2日

妈妈：今年的"六一"你没评上"三好学生"，也没评上优秀班干部，我知道，这其中有原因的，因为你今年没在班上担任班干部。在妈妈的心目中，你永远是最好的，最优秀的。今年以来，妈妈发现你的脾气有点不好，写作业字也很潦草，我们签个约定好不好：妈妈承诺以后不对你发脾气，不骂你，那你也改正这两个缺点。OK？

孩子：谢谢妈妈和我定了这样的约定，我会尽量做到的。当然，不骂我更好！

6月3日

妈妈：今天的字工整一些了，希望继续努力。

孩子：一定会继续。其实那天我没带钢笔，圆珠笔写的字还不是很好看呢！

6月8日

妈妈：妈妈最近身体不太舒服，希望你能体谅。同时希望你在保证学习好的同时，能够把体育成绩提高上去。妈妈相信你一定行！

孩子：我知道，这次校"三好"我没评上，可能是因为体育不及格的原因。再说，我不是很喜欢体育课……我会努力的，妈妈放心。

6月16日

妈妈：写作水平还有待提高。六年级的学生了，一篇文章是不是还能写长一点呢？

孩子：我可以再写长点啊！可是最近您好像不怎么理我了，为什么呢？妈妈！

6 月 19 日

妈妈：哪有妈妈不理孩子的呢？这次作业写得还可以，只是不能坚持工整，别忘了咱们的约定噢！

孩子：我有时大意了。好！不忘记我们的约定。

6 月 25 日

妈妈：很好，作业很认真。希望认真复习，期末考出好成绩。

孩子：好的，我会认真的。

这种"纸上谈心"的交流方式，取到了显著的成效——期末考试，这个儿子的各科成绩都得了"优"，他在试卷上致妈妈的书信中写道："……真想不到妈妈您从'六一'以后这样理解我，您过去那种威严再也找不到了，您和爸爸也不再闹离婚了。我仿佛觉得自己成了天上那快活的云朵，心里有一种说不完的愉快。妈妈，我爱您……"

如果和儿子的口头交流让你陷入了困境的话，那么，尝试改变方式，拿起笔，在纸上倾吐你的心声，一切都将峰回路转！

2. 飞鸿传意，书信交流

如果你看过《曾国藩家书》就会知道原来曾国藩用一份份感人至深的书信教育兄弟子侄，造就了曾门人才辈出的奇迹。

傅雷是我国著名的翻译家和教育家，他写给孩子的《傅雷家书》，经久不衰，至今仍在重版。傅雷以书信的方式，用平实、语重心长的话，表达了自己对孩子成长成才的关心和指导，读来备感亲切，至今仍是许多人用以教育孩子的经典之作。

书信——这一传统的交流方式在信息时代似乎被人遗忘了，其实，在父母与子女的交流上，书信交流有其他交流方式不可代替的效力。书信，可以叙事、抒情、议论、表白信念；也可以言志、寄望、忠告、诉说衷肠。写信的时候，父母往往会经过一番慎重缜密的思考，会斟酌自己的语言，表达情感更加大胆而充分，如此种种，可很好地克服交流中的种种障碍。定期进行书信交流，可以增进两代人的感情。

大多数人往往把书信用在具有一定空间距离的交往中。尤其是现在，通讯工具越来越发达，人们写信的机会也越来越少了，打电话、发手机短信几乎代替了书信。当父母和孩子同处一室的时候，就更觉得用不着写信了。但在教育孩子方面，写信交流是一个非常好的办法。当你觉得和孩子进行口头交流效果不太好的时候，当你希望自己的话语充分引起孩子关注的时候，就可以用这种方法，即使你和孩子近在咫尺。

有的父母很疑惑："写信，是两个住得很远的人才干的事吧？我们住在一起，为什么还要写信？"

其实，信可以是两个住得远的人写的，也可以是住在一起的人写的。更重要的是，给孩子写信能让孩子意识到他在你眼里的地位，这是孩子认真听取你的建议的基础。

有位妈妈到学校接女儿时发现，女儿在课堂上的写字姿势很差，眼睛离书面最多10公分，而且写作业的速度在全班倒数5名内。这位妈妈回家后很严肃地和女儿谈了半个小时，最后不免声音又硬又狠，惹得弱小的女儿哭了起来，第二天就没有和妈妈说话。这位妈妈着急了，于是决定给女儿写第一封信。当女儿收到这封信时，眼睛放光，因为这是她收到的第一封信呀！刚看了一句就说："妈妈，你是把我当做平等的人吧？"看完后，女儿跑过来紧紧抱住了妈妈。

女儿能从妈妈的一封简单的信中读出平等、尊重，当女儿紧紧抱住妈妈，母女间的所有不快与芥蒂也就烟消云散了，这何尝不让做母亲的欣喜呢？

父母在写信的时候大多平心静气，思路清晰，是一种"润物细无声"的教育方式。有时候孩子容易把父母说的话当成耳旁风，但如果你写成文字，孩子就不会不注意了，这样更容易触动孩子的思想。

父母与孩子进行书信交流，内容可涉及到孩子学习生活的各个方面。

于秀娟是一位很优秀的母亲，她善于运用书信的方式对女儿施以影响和教育。她给女儿写的信主要有三项内容：一种是关于读书的通信，一种是关于花钱的通信，另外一种通信则是关于成绩的。于秀娟举例说：

女儿小学毕业前夕，提出要给同学们买纪念卡，以表达几年来同学之间结下的真挚友谊和浓浓的情感，这是人之常情。面对女儿的合理要求，我们无法打击她的热情，便答应下来。晚上，我经过一番思考和准备，给她的抽屉里放了一封信。在信中，我给女儿算了一笔经济账，详细列出了她一年来为同学、为朋友过生日、送礼物等的种种花销，同时我还引用了一篇来自

把话说到孩子心里去

贫困山区希望小学的报道，里面介绍了几位不畏生活困难、勤奋读书的小学生。随信我还附上了几张我亲手做的精美贺卡，里面还夹着自制贺卡的方法。第二天，女儿看到了信，她先是缄默不语，静静地思考。接着，她惊讶地说道："真是不算不知道，一算吓一跳。我竟然花去了几百元，够那些小朋友几年的学费呢！"她拿起了我给她做的贺卡，爱不释手地看着，说："哇，这贺卡比买的还棒，妈妈手真巧，我也要做，我要跟您比一比……"

特别要强调的是：由于现在很多父母都很忙，纷纷选择将孩子送往寄宿学校，孩子可能一个月才回家一次，家长与孩子交流的时间就更少了。有时，孩子打电话回家，也只有寥寥数语，很少深入交流；有时，孩子回到家中，父母由于各种原因也忽略了与孩子交流。即使有部分家长想与孩子交流，但很多孩子不好意思将自己内心的想法当面对父母讲。这样就让两代人之间的沟通越来越少，父母在教育孩子方面好像无力可施，有的家长干脆把教育孩子的责任全部推给学校。其实，家长可以采取书信的方式和孩子进行交流。写信能表达出父母内心中对孩子最真挚的情意，孩子在读信的时候也能从字里行间体会到父母对他的关爱，亲情的激发就是一种珍贵的教育。当孩子给你回信的时候，他们也能够充分表达自己心中的喜怒哀乐，并且在写信的时候锻炼文字表达能力。

父母与孩子以书信的方式进行心灵的沟通，应把握好以下几点：

给孩子写信要有真情。写信给孩子之所以是一种好的交流方式，就是因为这种方式很感人，是父母真情的流露。如果父母不能倾洒真情于信笺上，写信也只能流于形式。如可以把心里话写下来，放在孩子的床头，但是别急着问他看了没有或者看了之后怎么想的。孩子肯定会看的，不过他看了之后可能什么也不说。等到你又有心里话了，可以接着写第二封、第三封信。

掌握写信时机。当有些事情父母无法说出口或者与孩子冲突升级的时候，父母给孩子写信交流，可能比当面开口效果更好。因为父母写信时心情会平静下来，说出的话会中肯一些，而孩子看到父母的信，自然会有些反思，可能会更容易理解父母的苦衷。

写信要有重点。除了把该交代的事情说完外，还应提出要求与希望。写希望要有侧重点，每次最好提一两点或两三点，提要求不能太笼统，要有针对性，切合实际。如果要求太多，孩子在短时间里难以做到，即使做了，也容易囫囵吞枣，落实起来也是纸上谈兵。

鼓励孩子回信。孩子回信，可以充分了解他的思想、学习等现状，以便对症指导。况且，一封书信如同一篇作文，经常写信，是练笔的好机会，有利于孩子作文水平的提高。特别是写信可以锻炼孩子的思维，增加条理性。同时，写信可以练字，有助于孩子写出一手好字。

给孩子回信要及时。书信要有来有往，不能只是儿女写，父母不能及时回。事情再忙，也要挤出时间给儿女回信，因为孩子在那一头盼着呢！

此外，父母在写信时，字迹要清楚，格式要工整，词语要达意，尽量减少错别字，以示对孩子的尊重。

一位聪明的妈妈这样介绍她的教子经验：

与绝大多数的孩子一样，我的孩子在学习过程中也有马虎的小毛病。尤其是到了三四年级之后，什么小数点啊，句首的英文字母大写啊，几乎每次作业与测试，都会在这些细节上犯错误。为此我们头痛不已，也一直在寻找着更好的对策。

无意中，我看到一篇文章，说一些睿智的家长将手机作为自己与孩子沟通的渠道，他们会时不时地用短信提醒自己的孩子。这样，在不影响孩子学习的前提下，既避免了家长与孩子面对面时容易产生的正面冲突，也让孩子知道自己应该做什么。看到这里，我豁然开朗，我可以将手机换成小纸条，这样来提醒孩子啊！

当天晚上，等孩子安睡之后，我认真地准备了一张小纸条放在他的笔盒里了。在这张小纸条上，我写道："儿子，爸爸妈妈都非常喜欢你，老师也说你是个可爱的同学。不过，如果你在做作业时更加认真些，爸爸妈妈与老师就会更加喜欢你。"

第二天中午放学，儿子回家后，非常害羞地与我们说起了这件事，用他自己的话说，"感动得都掉了眼泪"呢。初战告捷，我信心大增。此后，我与爱人时不时地在儿子的笔盒中放上一张小纸条。特别是每逢考试时，我们都会在小纸条上写一些注意事项。应该说，效果还真不错。

许多家长都抱怨，只要自己一说孩子就烦，说什么"老一套又来了"，不说不行，说了就崩，真不知道该怎么办才好。的确，家长苦口婆心却适得其反的现象并不少见。这时，做父母的不应该只怪孩子，也应该反思一下自己，看看问题出在哪里，能不能换种方式使孩子能够更容易接受一些。其实，只要像上述那位睿智的母亲一样有心、有创意，小纸条也能发挥出教子的大用途，使家庭教育富有别样情趣。

当孩子有了一些阅读能力之后，便可以尝试着给孩子写一些不同内容的小纸条，哪怕只是三言两语。把这些小纸条放在孩子的铅笔盒里，或者放在孩子的玩具箱里，甚至冰箱门上、镜子上、枕头上，只要是孩子能看到、能找到的地方，都可以留下寄托父母期望的小纸条。当孩子意外地发现这些小纸条的时候，能够真实地触摸到父母对他的关注和爱心。

书面文字和口头语言有着不同的特点，口头语言稍纵即逝，有时候说好几遍也不一定留下多少印象，容易这个耳朵进，那个耳朵出。而书面文字则克服了这个弱点，只要不把它毁掉，那么无论什么时候都可以拿出来看看，而且每看一次，感觉都在重温一遍，印象自然比较深刻。

选择写纸条的方式，能为父母与孩子之间的交流提供方便。在写给孩子的纸条上，既可以有对孩子的表扬、鼓励，也可以有对孩子的批评教育，而这时的内容起码应该是有理有节，循循善诱，这与暴风骤雨式的训骂与呵斥相比，不仅考虑到了孩子的自尊心，也更容易被孩子所接受。

写纸条对家长也是一种考验，它不仅可以让孩子对父母有更多的了解与尊重，坚持下去说不定可以逼着你同孩子一起进步。因为随着孩子年龄的增长，纸条的内容将不再是单一的表扬、批评之类，逐渐会扩展到推荐一本书、介绍一篇好文章、留下一个需要动动脑筋才能回答的小问题，甚至包括对某个观点的探讨等。这就对家长提出了更高的要求，写什么，怎么写，得认真思量一番。

写给孩子的纸条虽小，但它对孩子的教育和潜移默化的作用却不容忽视，家长如果能坚持"纸条教子"，纸上交流，一定会收到特殊的效果。

把话说到孩子心里去

第16讲

电话交流，网络教子

教子的方式应该与时俱进。在当今的信息时代，家长与孩子的许多交流和沟通，完全可以在电话和网络上进行。你可以为孩子配一部手机，也不要对孩子的上网"围追堵截"。利用得好，这些都会成为有益的教子工具。家长只有掌握了电话谈心的技巧和网络聊天的艺术，才能在有限的时间里，对孩子施以最有效的引导。

1. 和孩子通电话
注意措辞

　　电话是当今通信工具之一，许多父母习惯于用电话同他人沟通、交流，却忘记了原来用电话也可以和与孩子进行沟通、交流。

　　有些父母认为，一家人天天在一起，用得着打电话吗？实际上，这种想法有失偏颇。电话不仅仅能传递信息，也是传递情感的一种工具。同样一句话，面对面听来可能不觉得怎样，但是，特地通过电话来传递时，则往往令孩子感动。

　　有些父母认为，现在工作这么忙，每天在单位像打仗一样，回到家已经很晚了，还要做晚饭，收拾家务，哪有时间与孩子交流，更别提打电话了。忙不是理由，也不是交流的障碍。无论回家多晚，父母都应该平心静气地跟孩子打招呼，说几句话。如果这也来不及，打个电话、发个短信问候也是很好的。亲子间沟通畅通融洽，父母的忙碌和敬业才能更加赢得孩子的理解和尊敬。

　　打电话由于受通话时间等因素的限制，不可能像面对面谈话那样充分展开，这就要求父母注意措辞，抓住要点，能在三言两语之间把话说到孩子心里去。

　　一位单亲爸爸长期在外面做生意，上小学四年级的儿子敦敦与爷爷奶奶生活在一起。爸爸每隔两天就会打电话回家，关心儿子的生活学习。但是，敦敦却不愿意与父亲说话。

　　有一次，父亲又打电话回家，接电话的正好是儿子。

　　"敦敦，最近乖不乖呀？"爸爸开口就问道。

　　"嗯。"

"有没有惹爷爷奶奶生气？"

"没有。"

"你的学习怎样……"

"你等会儿，我叫奶奶来接电话。"

敦敦竟然把电话搁下了。

这位爸爸很沮丧，自己虽然外出挣钱，但是并没有忘记教育儿子，总是非常努力地想要与孩子沟通感情，可儿子为什么不愿意理自己呢？原因显然不在孩子身上。这位爸爸打电话时犯了一个错误，说话时不注意儿子的心理感受。尽管他主动与儿子沟通，但是，所说的话都不是儿子感兴趣的，他不断询问儿子的表现与成绩，使儿子产生了逆反心理。

杭州灵栖心理咨询中心的庞碧玲咨询师认为，父母在给孩子打电话的时候，要注意措辞，不能老是问"表现怎么样""乖不乖啊"之类的话，更不要冲着电话训斥孩子、教训孩子，因为这样一来让孩子觉得无话可说——其实孩子不是不想跟爸爸妈妈说话，而是没话说，不知道怎么说。不能良性沟通的电话不仅起不到应有的沟通效果，反而会影响孩子与父母之间的感情交流。父母在电话中说话，语气应该温和一点，对孩子多一些关心，少一些审问和指责，善于引导孩子在电话那头倾吐自己真实的想法。

总之，电话交流有面对面交流的优点，有时也可以避免一些面对面的尴尬。关键是父母要把握好电话中说话的方式，使电话发挥特殊的教子效力。

此外，手机短信是一种很好的交流方式，在孩子遇到挫折的时候，你给他发一条温情的短信，他的内心就会撒满阳光。在和孩子交谈时，一条温馨的短信就可能打破言语的坚冰。

2. 跟孩子订个 "手机使用协议"

　　家长为了和孩子联系方便，该不该给孩子配一部手机呢？

　　2009年年初，全国人大代表、浙江临海市外国语学校副校长任美琴做了一个关于学生手机的问卷调查，其中，90%以上的学生家长认为手机进校园弊大于利，几乎没有家长对"禁止义务教育阶段学生带手机进校园"提出异议。

　　任美琴认为，手机入校弊大于利，比如：学生在校期间带手机会干扰正常的教学秩序；一些学生在上课、上晚自习时频频使用手机发短信、玩游戏、拍照等，影响学生的听课和学业；携带手机有损学生健康成长，过多地使用手机对学生的大脑发育造成不良影响；有些学生订阅低俗不良乃至黄色短信，有损学生的身心健康；有些学生利用手机进行考试作弊，养成学生不诚实的习惯；有些学生利用手机与校外不良人员交往；有些学生发短信谈恋爱；手机属贵重物品，容易丢失和成为不良人员抢劫、敲诈的目标；手机进入学校会造成学生间的攀比，加重学生家庭不必要的经济负担。

　　2009年两会期间，身为人大代表的任美琴建议，国家制定相关政策规定，禁止义务教育阶段学生带手机进校园。

　　另据了解，从2007年1月29日开始，美国200多所公立学校严禁学生带手机进课堂，主要原因是此前当学校与学生之间发生矛盾时，学生往往用手机叫来家人或校外人士，导致纠纷。2009年初，日本也着手研究禁止小学和初中学生携带手机进入校园，以预防网上欺骗和犯罪案件。

　　当然，给孩子配手机并不全是坏处。孩子随身有手机，父母可以随时了解孩子的动向，有利于确保孩子在外面的安全，父母与孩子沟通起来也方便。对于孩子而言，也有利于他们和同学教师交流沟通。鉴于孩子使用手机

把话说到孩子心里去

时产生的一些弊端，建议家长最好在孩子长大后再给他配手机。而且，配手机前要跟孩子签一个协议，首先在形式上规定手机的用途，规定可以做什么不可以做什么，并让孩子签字。"手机使用协议"的要点包括：

约束短信内容。有手机的孩子，父母很头痛的是孩子的短信非常多，整天短信来短信去，有的家长更发现其中不乏肉麻短信，手机甚至成为孩子谈恋爱的一个便利工具。这就要求父母在买手机时就得规定：不能看色情内容、发肉麻短信，不能用手机来谈恋爱。

限制话费。家长先估计正常情况下孩子手机的话费是多少，然后跟他约定一旦超出就要没收。规定手机不能无限度地用，在家时跟同学联系可以用座机，这样可以限制无节制聊天。

规定使用时间。跟孩子约定，如果发现在上课或其他学习时间中开机（家长拨打孩子手机即可发现其是否开机），或者发现手机用于任何不恰当的场所，可立即取消其手机使用权。

此外，不要给孩子购置功能过于强大的豪华手机，买一般的就可以，以免造成攀比心理。还要注意的一条是，既然给孩子配手机，就要充分信任他，不要经常去查看孩子的手机。

3. 在网络上与孩子巧谈心

人类已进入互联网时代——资料要网上传输，联系要电子邮箱，个人网站、个人博客、QQ聊天、BBS等，让人应接不暇。

网络的特性是：能够进行资源共享。具有传播全球性、信息海量性、匿名性、交流方便性、即时性、多媒体性、自由性等。由此可以看出：网络对人类的意义非常大，它是人类迈向地球村不可缺少的必备条件。正是网络使我们今天的生活变得更加快捷和精彩起来。孩子上网，对于开阔其视野、学习知识，也是大有益处的。

任何事物的存在都有它的两面性，有好就有坏，网络也不例外，但是这并不能说明网络就是坏东西，像洪水猛兽一样不能去碰。许多父母怕孩子受网上负面信息的影响，或者怕孩子染上网瘾，因此就对孩子上网持反对态度。这实在是一种偏见。

独生子女是大多中国家庭的现状，父母忙于工作，忙于生活琐事，不可能有很多的时间来陪伴孩子，因此很多孩子在家里是非常孤独的，因此网络上与朋友、同学的交流就势必成为孩子交流的首选方法。如果引导好了，网络应该是孩子们很好的伙伴。

网络是个五彩缤纷的世界，也充满了诱惑的气息。如何正确引导孩子运用网络，为我所用，才是硬道理，而不是刻意地去围追堵截。孩子还小，自我控制能力相对较弱，需要父母在各方面进行悉心的监督和引导，协助孩子练就对事物的分辨和掌控能力。对于网络的使用亦是如此。

聪明的父母善于因势利导，利用网络和孩子交流，展开网上教子。

网络的交流方式和传统的书面交流、口头交流方式相比，有多方面的优势——

多媒体化：采用网络交流方式除了可以使用文字表达外，音乐、图片、动画等各种有利手段，都可以给父母提供帮助。

虚拟化：这是网络交流方式最大的优点，由于虚拟，你可以以孩子同龄人的身份去和孩子沟通，也可以以长辈的身份对孩子进行教导。由于距离产生的美，孩子更易听进这种"第三者"的话语，交流会变得更加容易。

多角色：由于网络世界是虚拟的，你可以根据需要不断变换角色，比如年龄、性别、身份等。

父母和孩子进行网上交流，可采取QQ交谈、BBS交流和电子邮件沟通等方式。

QQ交谈

对于喜欢用QQ聊天的孩子，父母用这种方式和他进行沟通是最佳选择，以子之矛，攻子之盾，父母用孩子嗜好的方式和孩子沟通也许更为容易，效果更好。当然，一些当面不好讲的事儿，以QQ聊天的方式去说，孩子也比较容易接受，会收到良好效果。

方丽发现14岁的儿子有一天早晨急急忙忙地拿着内裤冲进卫生间，并拒绝大人进入，方丽突然意识到，孩子长大了。那两天，孩子的情绪明显很蔫，问什么也不说，方丽想深入问问孩子，可有些事不好意思当着孩子面问，她和孩子的爸爸也不知道从何处说起。

方丽先在书店给孩子选择了几本有关青春期的书，悄悄地放在了孩子的枕头下面，第二天她发现书已然被仔细地翻过了，但孩子依旧沉默不语。方丽想，或许是现在的书有关性的介绍得都过于笼统了一些，没有给孩子想要的答案。几天后，方丽无意中在孩子的房间发现了几本明显刊登有黄色内容的书籍，她顿时着急起来——这孩子要学坏可怎么办？最后还是丈夫想了一个妙招。

他们给孩子留了一张字条，首先对于孩子进入青春期表达了父母对此事的祝贺，问孩子是否有什么问题需要爸爸妈妈帮助与解答，然后告诉孩子，爸爸妈妈也有些事情想和他好好聊聊，最后和孩子约定晚上到QQ上再详细谈。

到了晚上，一家人分成两拨，一拨卧室，一拨书房。在QQ上丈夫主谈，方丽补充记录。果然，在QQ上孩子放开了许多，就一些自己不知道的事情也敢于向父母询问了；而父母不和孩子面对面直接交流，有些不好意思的解释也能够说出口了。甚至，他们还在网上下载了一些详细的图片，直观地向孩子讲述了青春期性的来龙去脉，父亲还对孩子说了自己青春期发生的一些糗事，一下子拉近了与孩子的距离。孩子敞开心扉和父母谈了自己对性的困惑和疑问，父母都一一给予了耐心细致的解答，并告诫刚刚进入青春期的孩子一些该注意的事项。

方丽夫妇通过QQ和孩子交流的方法很值得借鉴，在那里，父母和孩子都找到了相互平等交流的平台，既避免了相互之间的尴尬，又达到了解决问题的目的，还可以随时随地挑选一些合适的资料推荐给孩子。

BBS交流

如果孩子有上BBS的习惯，父母可以到他常去的论坛注册一个用户名，然后和他进行沟通交流，这也是和孩子交流的重要方式。有位父亲每天把孩子的作文发到BBS上，然后用虚拟的用户名和他交流一些看法。在BBS上，孩子和这位"陌生人"展开了深入的讨论，并且很乐意接受他的建议。几个月下来，孩子的作文水平提高了很多。显然，这是一种非常有效的交流方式。

电子邮件沟通

今天，无论大人还是小孩，都习惯于用快捷的电子邮件交流沟通。可以

把话说到孩子心里去

说，电子邮件是"电子化"了的书信，但和传统书信相比，电子邮件有着更丰富生动的表现形式，文字、声音、图片、动画等等都可以帮助父母和孩子进行卓有成效的交流沟通。父母可以以真实的身份出现，也可以以虚拟的身份出现，可以根据需要来确定。电子邮件的内容和形式应尽量多姿多彩一些，符合孩子的口味，让孩子喜闻乐见，在愉悦中谈心交流。

后 记

由于我在现实中和媒体上目睹了太多的亲子冲突，甚至由此导致的家庭悲剧；也听到了太多的父母因孩子的不听话、叛逆而发出焦灼无奈的叹息声，使我对研究家庭教育问题产生了浓厚的兴趣。

我发现，很多家教问题都是父母说话方式不当诱发的，所以我认为每个父母首先要做一个会说话的人，能把话说到孩子的心里去。我将自己的想法付诸文字，也就有了这本书的写作和出版。

在本书付梓之际，我想借此一角，表达我的感恩之心：

首先感谢我的父母，他们都是质朴的农民，在我成长过程中，不管是他们把话说到我的心里去，还是没有把话说到我的心里去，都为本书的写作提供了宝贵的第一手素材。

感谢我的爱人刘晓庆女士，她一直从事教育咨询工作，给了我许多灵感和启发。她在工作过程中积累的生动鲜活的案例，使本书的内容更加生动翔实。

特别感谢我的朋友李臻治先生，在本书的写作过程中，他给予了笔者许多有益的指导和物质上的支持，使得本书能很快与广大家长见面。

最后，我还要感谢我走访过和咨询过的来自全国各地的家长们，他们乐于向我倾吐在教子过程中的心结，并且无私地将自己亲历的故事提供给我，为我的研究和写作提供了坚实的基础。

本书的写作过程中，参考了一些教育工作者和家庭教育专家的著述，在此谨表示诚恳谢意。

有道是"书不尽言，言不尽意"，在家庭教育中，每时每刻都可能产生新情况、面临新问题。如果您在教子过程中遇到了新的难题和困惑，欢迎与我进一步交流，我会竭诚为您提供有益的建议。我的交流信箱：zhidanl@163.com。